전진상에는 유쾌한 언니들이 산다

전진상에는
유쾌한 언니들이 산다

김지연 지음

시흥동 전진상 의원·복지관 45년의 기록

일러두기

- 맞춤법과 외래어 표기는 현행 '한글 맞춤법 규정'과 《표준국어대사전》(국립국어연구원)
  을 따랐다. 단 글의 흐름상 필요한 경우, 관용적 표기나 일부 구어체는 그대로 살렸다
  (까리따스수녀회, 짝퉁, 럭셔리하다 등).
- 책·정기 간행물은 《 》로, 논문·기사·노래 제목은 〈 〉로 표기했다.
- 본문에 실린 사진들은 별도로 표시된 것 외에는 모두 '시흥 전진상 공동체'에서 제공
  받은 것이다.
- '전(全)·진(眞)·상(常)'이란 단어가 기관명을 가리킬 때는 가독성을 높이고자 '전진상'
  으로 표기했다.
- 서울 시흥동의 전진상 공동체는 '시흥 전진상 공동체', '시흥 전진상', '전진상 의원·
  복지관' 등으로 표현했으며, '전진상 식구'라는 표현은 그 공동체 구성원을 가리킨다.
- 국제가톨릭형제회(AFI)는 경우에 따라 '아피(AFI)', '아피' 등으로 표기했다.

추천의 말

사막에 숨겨진 샘과 같은 곳

손희송 주교 (천주교 서울대교구 총대리)

"사막이 아름다운 것은, 어디엔가 샘을 숨기고 있기 때문이야." 생텍쥐페리의 《어린 왕자》에 나온 한 구절입니다. 이 말을 조금 바꿔봅니다. "사막같이 삭막한 세상이 아름다운 것은 어디엔가 사랑의 샘이 숨겨져 있기 때문이야." 하느님은 우리 눈이 잘 닿지 않는 곳에 사랑의 샘을 여럿 숨겨놓으셨습니다. 그 사랑의 샘 중 하나가 바로 국제가톨릭형제회(AFI) 회원들이 운영하는 전진상 의원·복지관입니다.

시흥 전진상 공동체와 저의 인연은 1986년 여름으로 거슬러 올라갑니다. 그때 저는 오스트리아 인스부르크 유학 중에 사제품을 받기 위해 일시 귀국해서 서울 시흥동성당에 머물고 있었습니다. 당시 주임 전창문 신부님은 전진상 의원·복지관을 매우 좋아하셔서 그분과 함께 그곳을 자주 방문했었는데, 그 집 식구들은 힘든 일을 하면서도 늘 밝고 유쾌했습니다. 그 모습이 매우 인상적이어서 제 기억 속에 오래 남아 있었습니다. 그런 전진상 의원·복지관이 벌써 개관 45주년을 맞이했다고 하니 참으로 반갑습니다. 그 역사가 담긴 책도 반갑고 고맙습니다.

전진상 공동체의 45년 이야기와 귀한 사진 자료를 보면서 지난 세월을 되돌아보게 되었습니다. 특히 제 눈길을 끈 것은 김수환 추기경님 관련 에피소드였습니다. 그분으로부터 사제품을 받았고, 현재 그분의 정신을 이어가는 '바보의 나눔' 재단의 책임을 맡고 있기에 좀 더 관심이 갔습니다. 이 책에서 이야기하는 것처럼, 김수환 추기경님은 시흥 전진상 공동체가 시작되는 데에 결정적인 역할을 하셨고 이후에도 큰 애정을 갖고 지지해 주셨습니다. 가난한 이들에 대한 그분의 깊은 사랑을 이 책에서도 만

날 수 있어서 반가웠습니다.

가난하고 소외된 형제들과 더불어 '현장 교회'로서 살아온 지 45년! 이상적인 소공동체를 유지하며 꾸준히 의료 사회복지 활동을 펼쳐온 전진상 식구들에게 감사와 존경을 드립니다. 또한 그들 곁에서 힘을 보태주는 직원들, 내 일처럼 발 벗고 나서서 이웃 사랑을 실천해 온 자원봉사자들, 물심양면으로 도와준 후원자들께도 감사드립니다.

전진상 공동체의 식구들은 복음 말씀을 삶으로 실천하기 위해 노력하고 또 노력합니다. 그들은 인생의 가파른 언덕길을 오르는 이웃들에게 따뜻한 손길을 내밀고, 그러면서도 혹시나 도움을 받는 이들이 위축되지 않도록 세심하게 배려합니다. 결코 쉽지 않은 일이지만, 혼자가 아니라 공동체 생활을 했기에 가능했다고 생각합니다. 이 공동체가 새로운 식구를 맞아 오래오래 지속되기를 바랍니다.

전진상 공동체는 선한 영향력으로 사회를 조금씩 변화시켰습니다. 그들은 사랑의 실천으로써 단순히 환자 한 사람을 치유하는 데 그치지 않고 그 환자의 가족들, 더 나아가 지역사회를 치유하는 데도 기여했다고 저는 확신합니다. 아울러 전진상 의원·복지관의 이상적인 '의료 사회복지 통합 모델'은 다른 의료 및 사회복지 기관, 공동체의 귀감이 되어왔습니다. 예수님 말씀대로 세상의 소금과 빛의 역할을 훌륭하게 수행하고 있는 것입니다.

다시 한 번 이 척박한 땅에서 '평신도 사도직'을 수행해 온 전진상 식구들에게 감사와 격려의 마음을 전합니다. 부디 전진상 식구들과 그분들을 아끼고 사랑하는 이들 모두가 진정한 '스타'가 되어 세상의 어둠 속에서 밝게 빛나기를 기원합니다. "비뚤어지고 뒤틀린 이 세대에서 허물없는 사람, 순결한 사람, 하느님의 흠 없는 자녀가 되어, 이 세상에서 별처럼 빛날 수 있도록 하십시오."(필리 2,15)

전진상의 말

전진상 의원·복지관이 살아온
45년의 이야기를 책으로 내며

'전진상 큰 가족'이 더불어 살아온 45년의 역사가 재미난 이야기와 사진으로 엮어져 이 책 속에서 다시 살아남을 본다.

1975년부터 현재까지 함께 일해 온 국제가톨릭형제회(AFI) 회원들과 직원들, 현장에서 일을 잘할 수 있도록 재능 기부를 해주신 의료진과 사회복지 분야의 봉사자들, 물질과 정신과 영적으로 도움을 주신 교회 어른들과 후원자들, 그리고 의원·복지관·약국·호스피스 완화의료센터·아동복지센터에서 도움을 받으신 모든 가족들이 전진상 큰 가족으로 이어진 행복한 인연을 세상에 알리고 싶다.

구원의 역사에서 '40'이라는 숫자는 완전함과 완성, 또한 새로운 시작을 의미한다. 모세가 이집트에서 이스라엘 민족을 이끌고 약속의 땅을 향해 걸어간 40년, 그 상징성을 전례로 행하는 예수 탄생 전 대림 4주간, 예수님의 수난과 부활을 준비하는 40일이 있다.

생각하면 전진상 45년의 역사도 전진상 큰 가족이 서로 어울려 아픔과 슬픔, 기쁨을 나누면서 예수님의 수난과 부활의 역사에 동참한 길이었고, 일찍이 이 세상에서 시작된 하느님의 나라를 서울 금천구 시흥동이라는 작은 고을에서 전파하며 살아온 삶이었다.

모세는 40년을 걸었어도 하느님이 약속하신 땅을 밟지 못하고 느보산 정상에서 그저 성지를 바라보며 생을 마치셨다. 우리가 걸어온 45년 역사도 전진상의 완성이라 보지 않는다. 오히려 이제부터 후배 아피 회원들과 후세들이 함께 열어가는 새로운 시대의 시작이라 생각하며 이 책을 세상에 내어보낸다.

이 책을 통하여 그동안 전진상 큰 가족과 인연을 맺으신 모든 분들께 마음 모아 감사를 전한다. 특별히 전진상 의원·복지관을 태어나게 해주신 고(故) 김수환 추기경님과 뒤에서 묵묵히 도와주시는 염수정 추기경님께 감사드린다.

하느님께 감사와 찬미와 영광을 드리며….

시흥 전진상 가족 일동

강귀엽 김영자 배현정 유용자 최소희 최혜영

2장 환자를 업고 뛰어라

3장 살며 사랑하며 싸우며

~~~~~~

프롤로그

2019년 3월 어느 날. 봄 날씨치고는 조금 쌀쌀한 아침, 서울 시흥동 전진상 의원·복지관 앞 골목이 분주하다. 큰 손님이라도 오시는지 거리는 여느 때보다 깨끗이 정비되어 있고, 검은색 정장 차림의 경호원들도 눈에 띈다. 심지어 셰퍼드 경비견까지 등장해 이리저리 냄새를 맡고 다닌다.

잠시 후 좁은 골목 입구에 검은색 세단이 멈추더니 큰 키의 외국인 남녀가 차에서 내린다. 전진상 의원·복지관 쪽으로 향한 걸음걸이에서는 우아함과 기품이 배어난다. 두 사람이 전진상 의원·복지관 가까이 다가서자 건물 앞에 모여 있던 환영 인파 속에서 이국적인 외모의 은발 여인이 앞으로 나와 반갑게 맞이한다. 나이 지긋한 그 여인은 전진상 의원의 배현정 원장, 내방객은 벨기에의 필립 국왕과 왕비다.

2000년 진진상 의원·복지관을 방문한
벨기에 왕세자비.

2019년 전진상 호스피스 완화의료센터를 돌아보는
벨기에 국왕 부부와 배현정. [사진·김지연]

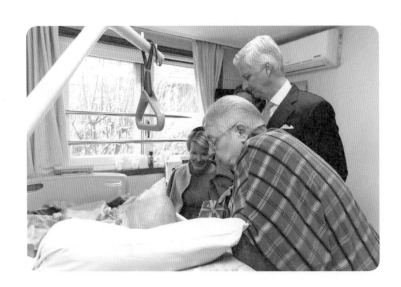

국빈 자격으로 우리나라를 찾은 벨기에 국왕 부부가 왜 바쁜 일정을 쪼개어 굳이 이곳을 방문한 것일까? 그 이유는 벨기에 출신 배현정 원장과의 오랜 인연에서 비롯되었다.

배현정 원장의 원래 이름은 마리헬렌 브라쇠르(Marie-Hélène Brasseur). 1972년 국제가톨릭형제회(AFI) 회원이자 간호사였던 마리헬렌은 봉사의 소명으로 한국 땅을 밟았다. 1975년부터 서울 시흥동의 전진상 공동체에서 활동하던 중 간호사에서 의사가 되었고, 특별 귀화로 대한민국 국적을 취득했다.

45년째 같은 곳을 지켜온 시흥 전진상 공동체는 고(故) 김수환 추기경의 요청에 배현정을 포함한 세 명의 국제가톨릭형제회 회원들이 응답하며 시작되었다. 간호사, 약사, 사회복지사였던 그들은 도움의 손길이 절실한 시흥동 판자촌에 둥지를 틀고 당시 개념조차 생소했던 '의료 사회복지' 활동을 펼쳤다.

그렇게 전진상 의원·복지관을 시작한 지 25주년 되던 해 늦가을. 배현정 원장은 벨기에 대사관으로부터 한 통의 전화를 받는다. 벨기에 왕세자 부부가 12월에 내방하는데 전진상 의원·복지관을 방문하고 싶어 한다는 내용이었다. 배현정 원장은 대사관 담당자에게 한 가지만 당부했다. 왕세자비가 '바지'를 입고 오게 해줄 것! 식탁도 없고, 제대로 된 식기는커녕 냅킨 한 장도 없는 살림에 왕세자 부부를 격에 맞게 대접하는 일은 불가능했다. 무언가를 억지로 꾸미기보다는 모국의 왕세자 부부에게 있는 그대로의 삶을 보여주고 싶었다. 그래서 좌식 밥상에 앉아야 하니 왕세자비가 덜 불편하도록 바지 착용을 부탁한 것이다.

2000년 12월, 바지 차림으로 전진상 의원·복지관을 방문한 벨기에 왕세자비는 오랜 시간 머물렀다. 배현정 원장과 함께 전진상 의원과 공부방을 찬찬히 둘러보고 시흥동 일대를 돌아보았으며, 특히 루게릭 환자 집까지 방문해 따뜻한 위로를 전했다. 죽음을 눈앞에 둔 루게릭 환자는 뜻밖의 귀한 손님을 맞이한 소감을 이렇게 밝혔다고 한다.

"세상을 뜨기 전에 이런 영광스런 경험도 다 해보네요."

그로부터 20년 가까운 세월이 흘렀다. 그때의 벨기에 왕세자 부부가 이번에는 국왕 부부가 되어 전진상 의원·복지관을 찾은 것이다. 지난 2017년에는 필립 국왕이 배현정에게 공로훈장(Commandeur de l'Ordre de Léopold II)을 수여하기도 했다.

2019년 3월, 배현정 원장은 전진상 의원·복지관을 다시 찾은 필립 국왕 부부에게 그동안 생긴 변화를 짧게 브리핑하고, 지난번 방문 이후 개관한 전진상 의원의 호스피스 완화의료센터로 안내했다. 벨기에 국왕 부부는 "다음 스케줄 때문에 이만 떠나야 한다"는 수행원들의 재촉에도 끝까지 환자 한 명 한 명과 인사를 나누고 선물을 건네며 건강을 기원했다.

전진상 의원·복지관을 처음 방문한
벨기에 왕세자 부부(2000년).

전진상 의원·복지관을
다시 찾은 벨기에 국왕 부부(2019년).
[사진·김지연]

이번 방문에서도 벨기에 국왕 부부는 죽음을 앞둔 환자들에게 잠깐이나마 영광스러운 순간을 선물했다. 그들의 재방문은 이 머나먼 땅에서 헌신하고 있는 자랑스러운 '벨기에 사람 배현정'을 향한 뜨거운 격려이자 존경의 표시가 아니었을까.

1장

가난한 이들 속으로 들어가라

'전·진·상'이란 명칭은 아피(AFI)의 영성인

'온전한 자아봉헌(全), 참다운 사랑(眞),

끊임없는 기쁨(常)'에서 따온 것으로,

시흥 전진상 공동체가 약국을 개설하며

처음 사용했다. 가톨릭 신자가 아닌

주민들도 부담을 느끼지 않도록

종교적 느낌은 자제하되 아피의 정신을 담았다.

시흥동
은행나무오거리
그곳

　　전진상 의원·복지관은 서울 금천구 시흥동 은행나무오거리 근처에 자리하고 있다. 은행나무시장 버스 정류장에 내리면 C 백화점 앞과 대각선 방향으로 두 그루의 커다란 은행나무가 보인다. 수령이 800년 이상 된 '보호수'답게 나무둘레도 각각 8미터, 6미터가 넘는다. 그중 240여 년 전 정조대왕의 화려한 능행차를 지켜보았을 행궁(行宮) 터의 은행나무, 지금 그 주변에는 기력이 쇠한 노인들 몇이 걸터앉아 삶의 고단함을 달래고 있다.

　　그런데 이 은행나무들의 형상이 다소 기괴하다. 도로 확장 공사를 하며 찻길 쪽으로 튀어나온 굵은 가지들을 쳐낸 듯 반쪽만 온전하고 나머지 절반에는 앙상한 나뭇가지들이 붙어 있기 때문이다. 물질적으로는 풍요로워졌으나 빈익빈 부익부 등 또 다른

시흥동 산동네(1976년).

현재 그 자리에는 고층 아파트가 들어서 있다.

문제에 직면한 우리 사회의 이면을 돌아보라는 뜻일까.

1970년대 이곳 시흥동 판자촌에는 가난에 떠밀려 생명마저 위태롭던 이들이 다닥다닥 붙어 살았다. 이후 경제개발 붐을 타고 시흥동에도 변화의 바람이 불어, 다세대 주택과 고층 아파트가 그 자리를 대신했다. 그러나 은행나무시장 뒷골목에는 여전히 30~40년 전 흔적이 남아 있다. 자그마한 세탁소와 채소 가게, 한때 아이들로 붐볐음 직한 태권도장의 낡은 간판, 두 사람이 함께 걷기에도 빠듯한 골목길…. 그 골목 깊숙한 곳에 전진상 의원·복지관이 있다.

지번 주소로는 서울 금천구 시흥동 200번지 2호. 이곳에 맨 먼저 전진상 이름을 단 약국이 문을 열었고, 복지관과 의원이 뒤를 이었다. 그 후 '탑골로3가길 22'란 도로명 주소로 바뀐 지금까지 전진상 의원·복지관·약국은 같은 자리에서 주민들 곁을 묵묵히 지켜왔다. 그동안 시흥동은 행정구역이 세 번이나 바뀌어 영등포구에서 구로구를 거쳐 금천구(1995년 신설)로 편입되었고, 그때마다 관할 보건소도 달라졌다.

전진상 의원·복지관은 1975년, 배현정 간호사와 최소희 약사, 유송자 사회복지사가 '시흥 전진상 공동체'를 이루면서 시작되었다. 세 사람은 모두 국제가톨릭형제회(AFI, Association Fraternelle Internationale)라는 평신도 사도직 단체의 회원들로, 이니셜을 따서 '아피(AFI)'라는 호칭으로 불린다.

그리고 '전·진·상'이란 명칭은 아피의 영성인 '온전한 자아 봉헌(全), 참다운 사랑(眞), 끊임없는 기쁨(常)'에서 따온 것으로, 시흥 전진상 공동체가 약국을 개설하며 처음 사용했다. 가톨릭 신자가 아닌 주민들도 부담을 느끼지 않도록 종교적 느낌은 자제하되 아피의 정신을 담았다. 이후 다른 아피 회원들의 기관·단체에서도 전진상이란 명칭을 함께 사용하게 되었다.

국제가톨릭형제회란?

국제가톨릭형제회(AFI, Association Fraternelle Internationale)는 1937년 벨기에인 이본 퐁슬레가 창설한 국제적인 평신도 사도직 단체다. 중국 선교사 뱅상 레브 신부의 토착화 정신과 '온전한 자아봉헌(全), 참다운 사랑(眞), 끊임없는 기쁨(常)'이란 전·진·상 영성을 이어받았다. 정의와 진리를 갈망하는 이들에게 희망을 주며, 다양성을 인정하고 존중하는 정신으로 인류를 분열시키는 장벽 제거에 협력하는 것을 목표로 한다.

한국에는 1956년 노기남 대주교의 초청으로 세 명의 아피 회원들(이탈리아, 독일, 벨기에 출신)이 들어와 최초로 명동에 여학생 기숙사인 가톨릭여학생관(현 전진상 교육관)을 설립했다. 초기에는 독신 여성만 회원이 될 수 있었으나 규정이 바뀌어 남성뿐 아니라 부부 회원도 가능해졌다. 현재 40여 명의 국내 회원들이 "그 시대의 사람이 돼라!"라는 가르침에 따라 의료 사회복지, 교육상담, 사회개발 및 시민사회운동 분야와 교육기관 등에서 활동하고 그로부터 45년, 강산이 네 번 변하고도 남을 시간. 우리나라의 산아제한 정책이 출산장려 정책으로 바뀌었듯 전진상 의원·복지관의 역할도 시대의 부름에 맞춰 변해왔다. 지금은 환자 수가 많이 줄었지만, 2014년까지만 해도 월평균 1,500명의 환자가 전진상 의원을 찾을 정도였다.

전진상 의원·복지관을 가리켜 흔히들 '전진상 의원' 또는 '전

뱅상 레브 신부의 친필.

있다. 각자 전공을 살려 국제가톨릭형제회의 전·진·상 정신과 세 가지 우선적 방향(신앙, 인간 해방을 위한 참여, 우주성)을 실천하며 그리스도 정신을 세상에 알리고자 노력 중이다.

벨기에 브뤼셀에 국제 본부가 있고, 한국 본부는 합정동 전진상 센터에 있다. 아피 회원들이 명동 전진상 교육관과 영성심리상담소, 시흥동 전진상 의원·복지관을 운영하고 있으며, 그 외에 전진상 지리산 쉼터, 다문화 가정 아동을 돌보는 전진상 우리집, 개인으로 활동하는 성폭력 상담소 평화의 샘과 교수·교사직 회원 등이 있다.

진상 복지관'이라 부르지만, 사실 행정적으로 볼 때 정식 명칭은 '(재)천주교서울대교구유지재단 전·진·상 의원'과 '전·진·상 사회복지관'이다. 이처럼 다양한 호칭이 말해 주듯 전진상 의원· 복지관은 하나의 독립 기관이 아니라 의원, 복지관, 약국, 호스피스 완화의료센터, 지역아동센터 등 각각 독립된 다섯 기관의 연합체를 의미한다.

초기에는 약국, 사회복지, 진료 분야를 중심으로 운영하다가 가정방문을 통해 교육과 호스피스의 필요성을 절감하며 분야를 넓혀갔다. 무료 유치원에서 공부방을 거쳐 지역아동센터로 이어졌고, 가정형 호스피스를 시작으로 입원형 호스피스도 실시하여 '완화의료전문기관' 인준을 받았다. 이로써 한 생명의 탄생부터 죽음까지 아우르게 되었다고 해도 과언이 아니다. 전진상 의원·복지관이 지향해 온 '의료 사회복지 통합 모델'은 해당 분야에서도 높이 평가받고 있다.

전진상 의원·복지관의 30년 서비스의 형태를 보면 전문성, 통합성, 접근 이용성, 지역 주민 참여 등의 여건을 갖추고 분야 구분을 초월한 팀 협력(trans-disciplinary teamwork)을 하고 있어 의료와 복지의 통합 서비스 구축에 커다란 합의를 제공하고 있다.

2019년 말 현재 전진상 의원·복지관에는 여섯 명의 아피 회원들(의사 1명, 간호사 2명, 약사 1명, 사회복지사 2명)을 주축으로 상주 의사와 간호사, 사회복지사, 조리사 등 28명의 직원들이 함께 근무하고 있으며, 130여 명에 달하는 자원봉사자와 500명 가까운 후원자들이 힘을 보태고 있다.

시흥 전진상 공동체의 식구들은 오랜 세월 동안 가난하고 소외된 이웃들과 함께해 온 공을 인정받아 굵직한 상을 여러 차례 수상했다. 대통령훈장(최소희), 대통령표창(배현정), 서울시민상 대상(유송자), 복십자대상(김영자), 보건복지부장관상(최혜영), 그리고 '전진상 단체'로 수상한 국무총리표창에 이르기까지. 그 화려한 수상 이력보다 더욱 빛나는 것은 45년간 이어온, 그들의 한결같은 열정이 아닐는지.

매일같이 산동네 환자 집을 방문하는 것은 기본이고, 여차 하면 위급한 환자를 업고 뛰던 처자들. 그들은 이제 희끗희끗한 백발의 할머니들이 되어 계단만 오르내려도 무릎이 시큰거린다. 하지만 오늘도 기꺼이 약국, 진료실, 상담실… 각자의 자리로 향한다. 자신들을 필요로 하는 시흥동 주민들을 기쁘게 맞이하기 위해.

• 정무성, '저소득층 지역에서의 의료와 복지의 통합 모델', 〈기관 창설 30주년 기념 심포지엄〉, 소식지《전·진·상》33호(2005. 12), 8쪽.

초창기 전진상 의원·복지관(1970년대).

현재 전진상 의원·복지관.
왼쪽 높은 건물이 새로 지은 호스피스 완화의료센터.

전진상 의원·
복지관의
하루

시흥 전진상 공동체의 하루는 오전 7시 40분 기도로 시작된다. 아피(AFI) 회원들이 건물 내 기도실에 모여 함께 기도를 드린다. 오늘도 주님 안에서 온전히 자아를 봉헌하고, 참다운 사랑과 끊임없는 기쁨을 전하기 위해서다. 8시 30분에 아침식사를 마치면 각자 일과를 시작한다.

밖에서 보면 매일 오전 9시 약국의 문이 열리며 시작되는 것 같지만, 셔터 문이 닫혀 있는 동안에도 2~3층 호스피스 완화의료센터 병동은 24시간 멈추지 않는다. 입원형 호스피스 환자들이 마지막 삶을 잘 보내도록 수시로 보살펴야 하기 때문이다. 이를 위해 배현정 원장과 최혜영 사회복지사, 강귀엽 간호사는 건물 내에 거주하며 당직을 선다. 원래는 다른 전진상 식구들도 함께 살았으나, 몇 년 전 자신들의 방을 호스피스 병실로 내어준 뒤

외부의 아피 공동체로 거처를 옮겼다.

전진상 의원·복지관은 진료 및 상담 시간과 과목이 요일별로
다르다. 화·금은 오전 9시부터 오후 6시, 월·수는 오후 2시부터
9시, 토요일은 격주로 오후에 문을 연다. 배현정 원장(가정의학
과)을 비롯하여 노상미 선생(종양내과)과 정소영 선생(마취통증의
학과) 등 세 명의 의사가 상주하며, 월·수·토는 20여 명의 전문
의로 구성된 외부 자문의들이 내과, 산부인과, 정형외과, 신경외
과, 피부과, 영상의학과, 비뇨기과, 치과, 신경정신과, 이비인후과
등 10개 과목을 교대로 진료한다. 후원자들의 도움으로 엑스레
이, 내시경, 초음파, 심전도, 산부인과 검사 장비 등 의료기기도 갖
추었다.

외부 자문의 진료는 1975년부터 시작되었다. 처음 자원봉사를 나왔던 서울대학교 의과대학 전공의들이 대학교수가 되거나 은퇴한 후에도 인연을 이어오고 있으며, 그들의 제자나 지인들이 바통을 이어받기도 했다. 특히 야간 진료가 있는 월요일과 수요일 밤에는 대기실이 환자들로 북적인다. 지금처럼 국민건강보험 제도가 체계를 갖추기 전에는 무료 진료를 받기 위해 골목까지 장사진을 쳤다고 한다.

매주 목요일은 '방문 진료'의 날로, 초기부터 가장 중요한 활동이었던 왕진(往診) 전통을 이어서 환자 가정을 직접 방문하고 있다. 초창기 시흥동 판자촌 사람들은 질병에 시달리면서도 병원에 가는 것은 엄두도 내지 못했다. 그렇게 죽음에 다가선 이들에게 방문 간호와 진료는 한 줄기 '구원의 빛'과 같았으리라. 지금의 방문 진료는 주로 거동이 불편한 독거노인, 장애인 등으로 대상이 바뀌었지만 그 발걸음은 여전히 소중하다.

전진상 의원·복지관은 '소외되고 병들어 고통 받는 이웃에 대한 사랑'을 실천해 왔으며, 현재도 의료보호 대상자와 영세민에 준한 사람들(세입자, 직업이 일정치 않거나 불안정한 자, 저소득자, 장애인 등)을 우선 진료 대상으로 삼는다. 다만 입원형 호스피스의 경우 말기 암 환자라면 누구나 대상이 될 수 있다.

전진상 의원·복지관의 실제 모습은 어떠할까. 수요일 풍경을

전진상 의원·복지관 앞에서
순서를 기다리는 환자들(1970년대).

담아본다. 오전 10시, 전진상 의원 대기실은 비교적 한산한 편이다. 본격적인 진료는 외부 자문의가 오는 오후 2시부터 시작되기 때문이다. 1층 전진상 약국 안에서는 최소희 약사가 손님들을 반긴다. 최소희 약사의 온화한 미소는 언제나 주민들의 마음을 편안하게 한다.

2층 전진상 의원으로 올라가면 왼편에 접수창구가 보인다. 무슨 일인지 그 앞이 약간 소란스럽다.

"어르신, 그 선생님(외부 자문의)은 저녁 7시부터 진료가 있어요. 이따가 다시 오세요."

귀가 어두운 환자에게 진료 시간을 설명하는 상황. 그 환자가 "왜 빨리 진료를 안 해주냐"는 말만 반복하자 원무 담당자는 창구 앞까지 나와서 조금 더 큰소리로 또박또박 설명해 준다. 이처럼 자리에 앉아 대기 중인 환자들은 주로 나이 지긋한 동네 토박이들이다.

진료실 맞은편에는 전진상 복지관의 상담실이 있다. 상담실과 가까운 쪽 대기석에는 '장학금'을 받으러 온 학생과 처음 방문한 환자가 상담 순서를 기다리는 중이다. 장학금은 사실상 형편이 어려운 가정에 지급하는 생활보조금이지만, 그것을 받는 사람들의 심리를 위축시키지 않기 위해 그렇게 부른다.

그리고 보통의 병원과 달리 첫 방문자는 우선 상담실에서 사회복지사부터 만나게 된다. 사회복지사는 단순 문진뿐만 아니라 가족력 등 발병 원인을 종합적으로 분석하고 가족 사항부터 재정 능력까지 꼼꼼히 파악하여, 돈이 없어 진료를 포기하는 환자가 생기지 않도록 돕는다. 저소득층일수록 집안에 환자가 발생하면 빈곤이 더욱 심화되는, 악순환의 고리를 끊기 위해서다. 상담을 마친 환자는 의사에게 진료를 받는다. 이러한 협업 시스템이 전진상 의료 사회복지의 바탕을 이룬다.

오후 12시 점심시간. 전진상 의원·복지관의 직원들이 모두 1층 회의실 탁자에 둘러앉아 점심을 먹는다. 말 그대로 밥상 공동체다. 식사가 끝나면 바로 업무를 시작하지만, 이날은 다섯 명이 자리에 남았다. 초창기부터 함께한 배현정 원장, 최소희 약사, 유송자 사회복지사, 그리고 김영자 간호사와 임덕균 선생까지. 이렇게 다들 바쁜 시간을 쪼개어 모인 이유는 시흥 전진상의 45년 역사를 돌아보는 인터뷰 때문이다.

"시흥 전진상은 어떻게 시작되었나?"라는 첫 질문에 세 사람 중 누구랄 것 없이 '김수환 추기경님'을 언급했다. 그러더니 잠시 후 의견이 분분하다.

"소희, 우리 세 명이 김수환 추기경님을 찾아뵈었을 때 제안하셨지? 1974년… 추기경님 생신 때였나?"

"아니야, 마리헬렌. 추기경님이 1974년 신년미사 때 처음 제안하셨어. 그렇지 송자?"

"맞아, 추기경님이 아피 공동체에 오셔서 신년미사를 드려주

배현정 손의
전진상 공동체 반지(위)와 아피 반지.
[사진·김지연]

셨잖아."

늘 이웃들을 돌보느라 정작 시흥 전진상 공동체의 역사를, 또 개인사를 돌아볼 겨를이 없었던 그들. 이제야 마음속 깊이 묻어 둔 기억의 조각들을 꺼내본다. 가물가물해진 기억 때문에 때로는 몇 해를 건너뛰기도 하고 주인공이 바뀌기도 하지만, 드디어 '전진상 조각보'가 하나씩 연결된다. 에피소드 하나에도 환한 웃음꽃이 핀다.

그때 옛날 자료를 들추던 배현정의 왼쪽 손가락에서 반짝거리는 물체. 조금 전 커피를 내오던 김영자의 손에 있던 것과 같은 모양의 금반지다. 배현정은 반지를 빼서 보여주며 말했다.

"이건 제가 의사시험에 합격했을 때 전진상 식구들이 선물해

준 반지예요. 다른 분들이 낀 것은 제가 1988년 가정의학과 전문의 된 기념으로 선물한 반지구요. 그간 고락을 같이해 줘서 고맙다는 의미였죠."

시흥 전진상 공동체 45년사는 다섯 개 반지의 주인공들 이야기로 시작된다.

초창기부터 함께해 온 전진상 식구들.
왼쪽부터 최소희, 배현정, 임덕균, 유송자, 김영자.
[사진·김지연]

벨기에 명랑 소녀,
낯선
한국 땅으로

첫 번째 주인공은 마리헬렌, 한국 이름 배현정. 마리헬렌은 1946년 벨기에의 마르시넬(Marcinelle)이라는 탄광 지역에서 세 자매 중 둘째로 태어났다.

약사인 아버지와 약국 일을 돕던 어머니를 대신하여 이웃에 사는 루이 아저씨 부부가 어린 마리헬렌을 돌봐주었다. 루이 아저씨는 공장 노동자였는데 호기심 많은 마리헬렌을 자전거에 태우고 동네를 구경시켜 주곤 했다. 벽돌 공장을 돌아보거나 빵집에 들르는 일도 즐거웠지만, 무엇보다 아저씨와 함께 말똥을 줍는 일이 가장 재밌었다. 말이 짐수레를 끌고 다녔는데, 말똥을 모아 농사에 퇴비로 썼던 것이다.

마리헬렌은 부모가 운영하던 약국을 통해 자연스럽게 환자들을 접했고, 탄광촌 이주 노동자들의 비참한 모습을 보며 가슴 아파했다. 1956년 8월 8일, 벨기에 역사상 가장 참혹한 탄광 폭발 사고가 일어났다. 무려 260여 명이 목숨을 잃었으며, 그중에는 마리헬렌과 같은 학교에 다니던 친구의 가족들도 포함되어 있었다. 열 살 소녀는 죽음으로 인한 슬픔과 고통을 간접 체험하게 되었다.

"어린 시절 탄광촌의 약사 아버지 곁에서 죽음을 자주 목격했어요. 처음에는 막연히 두려워서 외면하고 싶었죠."

그래도 마리헬렌은 가톨릭 청소년 단체 '파트로(Patro)' 덕분에 청소년기를 밝게 보낼 수 있었다. 성당에 가는 것이 즐거웠던 나머지 자신의 부모가 주일미사 빠지고 다른 데 놀러 가자고 하면 울었을 정도다. 마리헬렌은 파트로 활동을 통해 다른 사람들에게 마음을 열고 관심을 갖게 되었고, 서로 다른 점을 받아들이며 어울려 사는 법도 배웠다. 파트로의 청소년 교육은 마리헬렌의 자아 형성에 매우 중요한 영향을 끼친다.

마리헬렌은 막연히 간호사가 되어 사람들을 돕고 싶었으나 사실 공부에는 별로 관심이 없었다. 그러다가 열여섯 살에 자신을 돌아보고 현실을 깨달은 후, 그때부터 공부를 시작하여 마침내 우수한 성적으로 간호대학에 입학한다.

1967년 간호사가 된 마리헬렌은 성소(聖召)에 응답하여 자신을 하느님께 온전히 맡기기로 결심한다. 한때는 수도 생활에도 관심이 있었으나, 엄한 규율을 따르며 순종하는 수녀가 될 자신

어린 시절의
마리헬렌
(배현정).

왼쪽부터
마리헬렌,
여동생 이자벨,
언니 프랑수아즈.

파트로 단복을 입은
마리헬렌(왼쪽)과
자매들.

은 없었다. 자유로운 성격의 자신과 잘 맞지 않는다고 느꼈다.

그러던 중 아프리카에서 선교를 하던 사제의 권유로 국제가톨릭형제회(AFI)를 알게 된다. 평신도인 아피 회원들은 세계 각국에서 다양한 사도직을 수행하고 있었다. 마리헬렌은 아피 회원이 되어 하느님의 말씀을 실천하며 살기로 마음먹고 1969년 입회한다.

국제가톨릭형제회에 입회하면 개인별로 2~3년 수련 기간을 거쳐 서약을 하고 정회원이 된다. 마리헬렌은 처음 1년 동안 길리(Gilly)에 있는 성 요셉 병원에서 풀타임으로 일하며 주말에는 브뤼셀(Brussels)의 아피 공동체에 가서 수련을 받았다. 그 후 2년 동안 신학과 어학 등을 공부하며 본격적으로 해외 파견을 준비했다. 그 무렵 한국에서 온 수련위원(수련 담당자)이 "나와 함께 한국에 가서 활동하지 않겠나?"라는 제안을 해왔는데, 그 담당자가 바로 약사 최소희였다.

그 당시만 해도 유럽인들에게 한국은 거의 알려진 게 없는 미지의 나라였다. 하지만 한국 교회의 요청에 마음이 움직인 마리헬렌은 아피 회원으로 서약한 후 불과 1주일 만에 한국행 비행기에 오른다. 그때는 상상조차 하지 못했다. 벨기에보다 한국 시흥동에서 더 오래 살게 될 줄은. 더욱이 늦은 나이에 간호사복을 벗고 의사 가운을 입게 될 줄은.

1972년 10월 6일, 스물여섯 살의 간호사 마리헬렌은 낯선 한국 땅을 처음 밟는다. 비행기가 연착해 밤 10시 30분이 되어서야 김포공항에 도착했는데, 내리자마자 맨 먼저 들은 한국어는 "빨리빨리"였다. 마중 나온 이들이 초면에 인사 나눌 겨를도 없이 "빨리빨리 올라타라"며 거의 싸울 듯이 택시에 태웠기 때문이다. 유신정권하에 통행금지가 있던 시절이라 자칫하면 한강을 건너지 못할까 봐 서둘렀던 것이다.

마리헬렌은 서울 삼선교의 아피 공동체에서 생활했으며, 그해 성탄절에 국내 아피 회원들로부터 특별한 선물을 받았다. 그것은 바로 '배현정'이란 한국 이름이었다. 회원들은 이름이 새겨진 도장도 함께 건네주었다. 벨기에 사람이니 성은 발음이 비슷한 '배'씨로, 이름은 '어질고 곧다'는 뜻의 현정(賢貞)으로 정했다고 한다.

이처럼 마리헬렌이 한국 이름을 사용한 역사는 오래됐지만, 공식적으로 '한국인 배현정'이 된 시기는 2014년이다. 그해에 우리나라의 특별 공로자로 인정받아 '올해의 이민자상'을 수상하면서 대한민국 국적을 취득했기 때문이다.

배현정은 본인 이름을 소개할 때면 이렇게 덧붙이곤 한다.

"제 본관은 '금천'이에요. 금천 배씨의 시조거든요. 하하."

어느덧 배현정의 나이 일흔넷. 이제는 일을 조금 줄일 만도 하건만 오히려 더욱 바빠졌다. 호스피스 완화의료센터 증축 공사 때문에 신경 쓸 일이 한두 가지가 아닌 데다가, 시흥 전진상 공동

벨기에 간호사 마리헬렌에서
'한국 의사 배현정'으로
(1996년 모습).

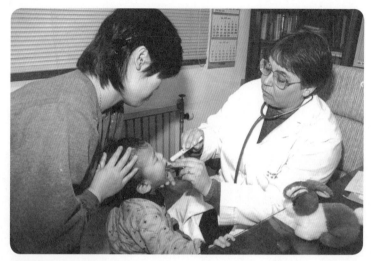

진료 중인 배현정(1980년대 후반).

지금도 의사로서 같은 진료실을 지킨다.

체의 역사 자료집을 위해 사진과 자료를 추리는 작업도 만만치 않다. 아산상·성천상·일가상·자랑스런 중앙인상 등 명예로운 상들을 연이어 수상하며 강연 요청도 늘어났다. 처음에는 "당연히 할 일을 했을 뿐"이라며 수상을 고사했으나, 몇 년 전부터는 상금으로 병원의 의료기기를 교체하는 등 환자들에게도 도움이 되기에 사양하지 않기로 했다.

사실 한 해가 다르게 체력이 약해짐을 느끼고는 있다. 만약 자신을 찾아온 환자라면 일부터 좀 줄이라고 잔소리하겠지만, 정작 의사인 자신은 바통을 넘겨줄 젊은 세대가 없다 보니 무리를 하게 된다. 주변에서는 배현정의 건강을 걱정하며 "언제까지 봉사를 하실 생각이냐"고 묻는 이들이 생겼다. 배현정의 의지는 확고하다.

"저는 휠체어에 앉아만 있어도 봉사는 할 수 있다고 생각합니다. 말하고 싶어 하는 이들의 얘기를 '들어주는' 일은 얼마든지 가능하니까요. 이런 봉사라면 죽을 때까지 할 수 있겠다는 각오로 시흥 전진상 공동체에 뛰어들었습니다."

전진상의
연결고리
최소희

"대구에서 나서 자랐어요. 초등학교 1학년 때 해방을 맞았고 2학년 때 서울로 올라왔다가, 다시 1·4후퇴 때 대구로 내려갔어요."

두 번째 주인공인 약사 최소희. 1938년생이란 얘기를 직접 듣고도 믿기지 않을 만큼 외모만으로는 나이를 가늠하기 어렵다.

최소희는 8남매 중 셋째로, 어린 시절 다니던 성당에서 미군들에게 영어를 배웠다. 그때 만난 미국인 변호사 설리번의 영향으로 미국에서 의과대학을 다니기로 결심하고 입학 허가까지 받아놓았다. 떠날 날을 기다리던 중 갑자기 국내 유학제도가 바뀌어, 2년간 국내에서 대학을 다녀야 유학 허가가 나게 되면서 최소희의 미국행은 미뤄진다.

최소희는 기다리는 2년 동안 좀 더 공부를 하다가 미국으로 가겠다며, 숙명여자대학교 약학대학에 입학하여 서울로 올라온다. 서울에서 머문 곳은 명동에 위치한 가톨릭여학생관(현 전진상 교육관). 이곳은 국제가톨릭형제회(AFI)에서 운영하는 기숙사였다. 6·25전쟁이 끝나고 혼란스럽던 시절, 국내에 들어온 아피 회원들이 최소희처럼 공부하고자 하는 여성들을 위해 시작한 첫 사업이었다.

최소희는 기숙사 생활을 하며 자연스럽게 국제가톨릭형제회에 관심을 가지게 되었고, 평신도들이 생활 속에서 하느님의 말씀을 실천하는 것이 얼마나 중요한지도 배웠다. 최소희는 당시를 이렇게 회상한다.

"그렇게 눈을 뜨고 보니 매사가 감사한 일이었어요. 그 감사를 또 다른 누군가에게 베풀고 싶다는 생각을 하게 됐죠. 한마디로 아피 덕분에 마음의 눈이 열린 거예요. 우리 모두는 이미 하느님의 자녀이자 형제라는 생각이 들면서 시야가 넓어졌으니까요."

당시 관습대로 결혼을 한다면 새로운 가정이 삶의 중심이 되었으리라. 그러나 국제가톨릭형제회를 알게 된 최소희는 좀 더 넓은 의미의 가족들과 함께 '복음을 실천하는 삶'을 살고 싶었다. 그래서 2년 동안 준비해서 미국으로 가려던 계획을 접고, 다른 아피 회원들처럼 가난하고 소외된 이웃들 속으로 들어가 하느님 말씀을 전하며 살기로 마음먹는다.

그러나 부모 허락을 받는 것은 쉽지 않았다. 최소희의 부모는

언제나 편안한 미소로 주민들을
반겨주는 약사 최소희
(1996년 모습).

사랑하는 딸이 결혼을 하지 않고, 그렇다고 수녀원에 가는 것도 아닌 평신도로서 평생 봉사하는 삶을 살겠다는 말에 선뜻 동의할 수 없었다. 대학을 졸업한 최소희는 부모 허락이 떨어질 때까지 기다리기 위해 다시 대구로 내려간다.

최소희가 매사에 감사하고 긍정적인 자세로 살 수 있었던 것은 온전히 부모의 영향이 컸다. 최소희의 부모는 전쟁을 겪으면서도 "건강한 신체가 있는 것에 감사하라", "가족이 함께 있는 것에 감사하라"며 항상 긍정적인 태도를 보여주었다. 최소희의 어린 시절 기억에는 자다가 눈뜨면 늘 기도하던 어머니의 모습이 새겨져 있다.

최소희는 그런 부모에게 반대하며 고집을 부리기보다는 이해해 주실 때까지 기다리기로 하고 집으로 돌아갔다. 고향 집에 머물면서도 신앙 활동을 이어갔다. 가톨릭노동청년회(JOC)에 나가, 노동자의 입장을 이해하고 그들의 자존감 회복을 위한 활동에 동참했으며 복음 말씀과 연결하여 노동의 가치에 대한 교육을 하기도 했다. 이때의 경험은 장차 시흥 전진상 활동의 중요한 원동력이 된다. 3년여 동안 노동자들을 위해 애쓰는 딸을 보며, 최소희의 부모는 '저것이 우리 아이가 갈 길인가 보다'며 결국 허락한다.

1964년 최소희는 국제가톨릭형제회에 입회한 뒤 약 3년의 국내 수련을 마치고 국제 수련을 위해 벨기에로 떠났다. 그곳에서 국제 수련위원이 되어 수련자들의 교육 및 실습을 맡았는데, 그때 마리 헬렌(배현정)이 수련자로 오면서 두 사람은 처음 만나게 된다.

1969년 첫 만남 당시 배현정은 봉사하러 갈 곳을 찾고 있었고, 최소희는 한국행을 제안했다. 배현정은 한국에 대해 자세히 알지는 못했지만 그 제안을 기꺼이 받아들였다. '나를 필요로 하는 곳이면 어디든 가서 봉사하겠다'는 열린 마음 덕분이었다. 다른 문화와 민족에 대한 개방적인 자세, 즉 아피 회원의 선택 기준인 '우주성'이 실현된 순간이다.

최소희는 벨기에와 프랑스에서 국제 수련위원 활동을 마치고 1970년 한국으로 돌아온다. 그 후 서울 혜화동에 위치한 가톨릭 교리신학원에서 스태프로 일하며 선교에 대한 강의를 해나간다. 하지만 왠지 모를 갈증을 느꼈다. 말로 전하는 복음보다 실생활에서 직접 실천하며 봉사하는 삶을 살고 싶었기 때문이다.

1972년 배현정이 입국하면서 두 사람은 재회한다. 배현정이 삼선교 아피 공동체에서 지낼 때 그곳에는 최소희뿐만 아니라 전진상 의원·복지관의 또 다른 창립 멤버인 유송자도 함께 생활하고 있었다.

1974년 1월, 아피 공동체에 신년미사를 집전하러 온 김수환 추기경은 아피 회원들에게 특별한 제안을 한다. 그리고 배현정, 최소희, 유송자가 그 제안에 응답함으로써 시흥 전진상 공동체의 밑그림이 그려진다.

초창기 전진상 약국에서 최소희(1970년대).

현재도 전진상 약국은 동네 주민들의 사랑방. [사진·김지연]

가난한
이들 속으로
들어가라

시흥 전진상 공동체의 아버지 김수환 추기경

　　　　초창기 시흥 전진상 식구들을 떠올리면 왠지 '선각자'란 단어가 연상된다. 전통적인 가부장제 사회 안에서 여성들에게 터부시되던 분야에 도전하고 새로운 길을 개척한 이들처럼, 1970년대 시흥 전진상의 아피(AFI) 회원들 역시 시대를 앞서간 여성들이기 때문이리라.

　가톨릭 성직자나 수도자가 아니라 평신도였던 그들은 어떻게 그런 과감한 결정을 내릴 수 있었을까. 결혼이 당연시되던 시절, 신앙심이 깊다 해도 보통은 수녀원에 들어갈 생각을 했을 텐데 그들은 어떻게 아무 보호막도 없이 가난한 판자촌에 들어간 것일까.

　이는 개개인의 소명 의식에서 기인한 결과인 동시에 "앞서가는 사람이 돼라!"라는 아피의 가르침과도 무관하지 않아 보인다.

그 배경에는 가톨릭 역사와 우리 현대사를 관통하는 시대정신도 작용했으리라. 그리고 무엇보다 평신도 역할을 강조한 '김수환 추기경'의 존재도 큰 힘을 보탰다.

1969년 한국인 최초로 추기경에 서임된 김수환 추기경은 제 2차 바티칸공의회 정신에 따라 한국 가톨릭교회를 이끌어나갔다. 제2차 바티칸공의회는 교회의 자각과 쇄신, 신앙의 자유, 그리스도교의 일치 등 교회의 현대화를 천명함으로써 교회 안팎에 변화를 촉구했다. '라틴어' 대신 각 나라의 모국어로 미사를 드리게 되었고, 평신도의 사도직 역할이 부각되었으며, 사회정의 및 가난한 이들에 대한 관심도 높아졌다. 한국 가톨릭교회는 1970년대 유신정권 및 1980년대 군사정권 퇴진 운동에 앞장서는 한편, 급격한 산업화 과정에서 파생된 사회문제 해결에도 적극 동참했다.

1970년대 서울은 산업화 물결을 타고 지방에서 몰려든 사람들로 인해 가히 폭발적으로 인구가 증가했다. 그 결과 도심 곳곳에 빈민들이 밀집한 무허가 판자촌이 형성되었다. 이러한 시기와 맞물려 "그 시대의 사람이 돼라!"라는 가르침을 실천하는 아피 회원들에게도 새로운 임무가 주어졌다. 이는 가톨릭교회 내에서 달라진 평신도의 위상과도 연결되어 있다.

• 1962~1965년에 열린 로마 가톨릭교회의 공의회. 4개 헌장과 9개 교령, 3개 선언을 통해 교회의 자각과 쇄신, 신앙의 자유, 세계 평화, 그리스도교의 일치, 교회의 현대화 등을 촉구했다.

평신도들은 사제요 예언자이며 왕이신 그리스도의 임무에 참여하는 사람으로서, 교회의 생활과 활동에서 능동적인 역할을 하고 있다.[*]

한국에 들어온 배현정은 우선 한국어를 배우면서 한국 생활을 익히기 시작했다. 당시 김수환 추기경은 아피 공동체의 미사도 집전하고 단체 모임에도 참석하곤 했다. 그러던 어느 날, 김수환 추기경이 배현정에게 물었다.

"배현정 선생은 어디서 일했으면 좋겠는가?"

"저는 시골에 가고 싶어요. 소록도 같은 곳에."

"시골에서도 할 일이 많지만, 나는 수많은 시골 사람들이 서울로 올라와 변두리 판자촌에 모여드는 것이 굉장히 걱정된다. 배현정 선생 같은 이들이 그런 곳에 가주면 좋을 텐데."

그때 소록도에는 이미 오스트리아 출신의 마리안느와 마가렛 간호사를 비롯한 다수의 봉사자들이 들어가 있는 상황이었다. 그래서 배현정은 도움의 손길이 더 필요한 곳에 가기로 마음먹는다.

1974년 1월 초, 신년미사를 집전하러 아피 공동체를 방문한 김수환 추기경은 아피 회원들이 모인 자리에서 다음과 같이 제

---

* 제2차 바티칸공의회 〈평신도 사도직에 관한 교령〉 3장 9~10절.

전진상 유치원에서 미사를 집전 중인
김수환 추기경(1980년대).

안한다.

"사람들을 교회 안으로 부르는 것이 아니라 교회가 가난한 이
들 속으로 들어갔으면 한다. 그곳에서 그들과 함께 살면서 활동
하면 좋겠다. 특히 평신도인 아피들이 복음과 사회의 요구에 응
답하여, 성직자와 수도자들이 미처 하지 못하는 일을 해주면 어
떻겠는가?"

이 제안은 마침 새로운 시작을 준비하던 세 사람의 마음을 움
직였다. 배현정은 한국어 교육과정을 마치고 간호사로서 어떤
일을 할지 고민 중이었고, 최소희는 가톨릭교리신학원을 떠나
삶의 현장으로 들어가기로 결심한 상태였으며, 유송자는 대학원

1970년대 시흥동 산동네.

마지막 학기를 앞둔 때였다.

뜻을 모은 배현정, 최소희, 유송자는 얼마 후 다시 김수환 추기경을 방문하여 좀 더 구체적인 이야기를 나누었다. 김수환 추기경은 "서너 명이 팀을 구성해서 들어가면 좋을 것 같다"면서 덧붙였다.

"세 사람 중 약사 있겠다, 사회복지사(당시 사회사업가) 있겠다, 간호사 있겠다, 간단하다. 약국도 열고 의료 사회복지 활동을 하면 된다."

세 사람은 김수환 추기경이 건넨 빈민촌 후보지 약 10곳 가운데 5~6군데를 돌아보다가 시흥동에서 걸음을 멈추었다. 앞서 둘러본 목동이나 봉천동보다 더 밀집된 공간에 의료 시설은 한두 곳뿐이어서 그냥 지나치기 힘들었다. 배현정 원장은 이렇게 회고한다.

"시흥동에 와서 한마디로 쇼크 먹었어요. 당시 4만 명(미등록자 포함) 정도의 주민들이 산동네에 살았는데, 판잣집에서 물도 없이 지내고 있었죠. 여러 가지로 안 좋고, 슬레이트 지붕 성당외에는 들어와 있는 가톨릭교회 기관도 없었어요. 다른 동네는 수녀님이 함께 살고 있었지만, 시흥동에는 아무도 없어서 우리 셋이 여기 들어와야겠다고 생각하고 추기경님께 말씀드렸죠."

산중턱까지 판자촌이 형성된 그곳은 김수환 추기경 역시 국도를 오갈 때 자주 마주치던 곳이었다고 한다.

동네를 결정한 세 사람은 김수환 추기경의 소개로 가톨릭구제회(Catholic Relief Services)의 칼린이란 미국인 사회복지사를 만나 구체적인 자문을 받았다. 칼린은 이렇게 제안했다.

"가난한 이웃들과 함께하려면 자립 경영이 중요하다. 약국을 운영하여 자신들의 생활을 직접 해결하고, 후원금은 온전히 환자들에게 돌아갈 수 있는 시스템을 갖춰라."

칼린은 사회보장제도가 전무한 당시 우리나라의 실정을 간파하고 있었다. 세 사람은 그를 통해 약사, 간호사, 사회복지사의 역할이 통합되면 완벽한 의료 사회복지의 틀이 갖춰진다는 사실도 알게 되었다.

더 이상 지체할 이유가 없었다. 원래는 산동네 판자촌 안에 들어가서 살고 싶었으나 그곳에 약국 허가가 나지 않아서 산 밑에 자리를 잡았다. 그런데 세를 얻어 약국을 열면 해마다 전세금을 올려주거나 나가야 할 수도 있어서 안정적으로 정착하기 어려웠다. 이때 김수환 추기경이 발 벗고 나섰다. 그 덕분에 오스트리아 가톨릭 부인회로부터 약 650만 원이란 거액을 지원받아 지금의 전진상 의원·복지관 터에 있던 37평짜리 미니 2층집을 살 수 있었다.

김수환 추기경은 후원회 1번 회원을 자청하며 늘 아버지 같은 마음으로 시흥 전진상 공동체를 응원해 주었다. 이에 보답하듯 '전진상 약국'이란 작은 겨자씨는 오늘날 '전진상 의원·복지관·약

시흥 전진상 공동체 5인과
김수환 추기경(1988년).

아피 공동체 모임에서
김수환 추기경과 배현정(1994년).

국'이란 큰 나무로 무럭무럭 자라났다. 김수환 추기경은 전진상 의원·복지관 개관 25주년을 기념하여 이렇게 축하 인사를 전한 바 있다(소식지《전·진·상》2000년 12월호 참고).

하늘나라는 겨자씨와 같은 작은 것이나 자라면 큰 나무와 같이 되어 많은 새들이 깃들일 수 있다고 하셨습니다. 전진상 이 이룩한 일은 바로 이 겨자씨와 같이 작은 것으로 시작되었 습니다. 그렇게 시작된 것이 오늘날에는 의사, 간호사, 약사, 사회복지사, 유치원 교사, 그 외 봉사자 등 많은 분이 헌신적으 로 봉사하시게 되었고 1년에 환자만도 1만 명이 넘는 이들이 도움을 받고 계십니다. 참으로 하늘의 새들도 와서 깃들일 수 있는 큰 나무로 성장했다 해도 과언이 아닙니다. 이로써 하느 님 나라가 우리 가운데 임하여 계신다는 것을 눈으로 볼 수 있 게 하였습니다.

전진상 의원·복지관 개관 25주년 행사 후
김수환 추기경과 전진상 식구들,
벨기에 대사 부부(2000년).

우리 가족
상담사
유송자

시흥 전진상 공동체의 세 번째 주인공은 사회복지사 유송자. 유송자의 집안은 대대로 가톨릭에 뿌리를 두고 있다. 고조부는 병인박해 때 나주에서 순교했고, 증조부는 부친의 시신도 거두지 못한 채 고향을 떠나야 했다. 산속으로 숨어 다니며 머물던 곳은 주로 옹기를 굽는 마을인 점촌이었다. 130여 년 전 18번째로 이주한 곳이 바로 공주본당의 사랑골 공소. 유씨 집안은 드디어 정착을 하게 되었다. 유송자는 백조부 때부터 공소를 지키며 살아온 사랑골에서 1944년에 태어났다.

어린 시절 유송자의 집은 아버지가 옹기 공장을 한 덕분에 비교적 살림이 넉넉한 편이었지만, 큰오빠의 지병으로 부모는 근심이 끊이지 않았다. 그래도 자애로운 어머니는 힘든 내색 한 번 하지 않았다. 아버지는 좀 엄하였지만 신앙심이 깊고 교리 지식이 풍부한 사랑골 공소 회장이었다. 순교자의 후손이라서 그런지, 가족과 친지 중에는 성직자와 수도자가 많이 나왔다. 9남매 중 둘째인 언니는 수녀, 넷째인 오빠는 신부가 되었고, 유송자의 삼촌도 신부였다.

유송자의 신앙심에는 어려서부터 아버지에게 받은 교리교육의 영향도 작용했다. 유송자의 아버지는 가톨릭교회의 중요한 교리를 모아놓은 《천주교요리문답(天主敎要理問答)》* 320조목을 모두 외우게 했으며, 펼쳐놓고 설명해 주었다. 어린아이에게는 다소 어려운 내용이었으나 아버지가 이해하기 쉽게 가르쳐준 덕분에 유송자는 흥미를 느꼈다. 그래서 신앙심도 깊어지고, 자신도 교회와 사회 안에서 능동적인 신앙인으로 살아가야겠다고 다짐한다.

재치 넘치고 활발한 성격의 유송자는 일찌감치 자신의 소질을 계발할 기회를 얻는다. 부모가 "여성도 공부를 해야 한다"는 '깨인 생각'을 갖고 있었던 것이다. 이화여자대학교 사범대학 사회생활학과에 입학한 유송자는 서울로 올라와 명동 가톨릭여학생관에서 머물게 된다.

앞서 최소희 약사가 그랬듯, 유송자도 그곳에서 국제가톨릭형제회(AFI)를 알게 되고 아피의 '전진상' 영성에 매료된다. 그리

---

* 1934년 간행된 한국 가톨릭 교리서. 1967년 《가톨릭교리서》가 나오기 전까지 대표적인 공식 교리서로 인정받았다.

전진상 복지관에서 상담교육과 장학사업,
후원회를 이끌어온 사회복지사 유송자
(1996년 모습).

하여 1967년 대학을 졸업하고 곧이어 국제가톨릭형제회에 입회한다.

그 시기는 가톨릭 평신도들의 사도직 사명이 부각되던 때로, 평신도 역시 교회의 일원으로서 사회에서 억압받는 자들의 고통을 함께 나누어야 한다는 정신이 퍼져나가고 있었다. 이는 교회를 이끌어갈 여성 지도자 교육에 초점을 맞춘 아피 정신과도 일치했다. 그래서 유송자가 결단을 내리기까지는 오랜 시간이 필요치 않았다.

유송자는 평소 관심이 있었던 사회정의와 분배 문제에 대해서도 깊이 생각하게 된다. 이제까지 가난한 사람들은 게으르거나 안일한 탓이라며 개인의 문제로 치부하던 빈곤을 사회의 구조적 문제로 인식하게 된 것이다. 아울러 "사회와 인류의 평화는 하느님이 주신 것을 공정하게 나눌 때 이루어진다"는 개념을 깨닫고 나서 사회복지에 관해 더 공부할 필요성을 느낀다.

남들과 조금 다른 길을 택한 딸을 바라보는 부모의 마음은 어떠했을까. 이미 수도자와 성직자 자녀를 둔 어머니는 내심 유송자만큼은 대학 졸업 후 평범한 길을 가기 원했다. 그러나 딸이 자신의 바람과 다른 선택을 하자 그 결정도 존중해 주었다.

"송자야, 네 길을 가되 힘들면 언제든 가족에게 돌아와라."

어머니가 이처럼 따뜻하게 격려해 준 반면, 아버지는 "네가 한번 선택한 길은 끝까지 걸어야 한다"고 다소 엄하게 말했다. 그런가 하면 다른 가족들은 유송자의 '아피'라는, 다소 생소한 선택에 대해서 다음과 같이 응원을 보냈다.

"평신도로서 사도직을 행하는 삶도 수녀가 되는 것만큼 의미가 있을 거야."

이렇게 가족들의 지지를 받고 아피 회원이 된 유송자는 삼선교 아피 공동체에서 수련을 마친 뒤 1년 반 동안 서울대교구 가톨릭 중고등학생연합회 사무국장을 역임하고 이화여대 대학원 사회복지학과(당시 사회사업학과)에 입학하여 공부했다. 대학원 졸업 후 '정신건강사회복지사' 자격증도 갖춘다.

1974년 1월 김수환 추기경이 아피 공동체 신년미사에서 "가난한 이들 속으로 들어가라"는 제안을 했을 때, 유송자는 대학원 마지막 학기를 앞두고 졸업 후 진로에 대해 구상 중이었다. 평소 빈민 문제에 관심이 많던 유송자는 김수환 추기경의 제안을 듣고 뜻을 굳혔다. 유송자는 배현정, 최소희와 함께 김수환 추기경을 찾아뵙고 시흥 전진상 공동체의 준비 단계부터 함께했다. 그리고 8월 대학원 졸업식 후 본격적으로 '시흥 전진상 프로젝트'에 참여한다.

이듬해인 1975년, 먼저 전진상 약국이 6월에 문을 열고 전진상 복지관은 준비 관계로 조금 늦게 출발한다. 같은 해 10월, 드디어 전진상 복지관이 '전진상 가정복지센터'라는 간판을 달고 사회복지 활동을 개시한다.

전진상 복지관에서 상담 중인 유송자(1970년대).

가정방문 활동 중인 유송자(1970년대).

럭셔리
미니 2층집의
비밀

1975년 2월 1일, 배현정·최소희·유송자 등 세 명의 아피(AFI) 회원은 지금의 전진상 약국 자리에 있던 미니 2층집으로 이사한다. 그들의 손에는 이불 보따리와 책상을 대신할 빈 사과 궤짝 몇 개가 들려 있었다.

"우리는 무언가 주러 온 것이 아니다. 지금의 지역 환경을 조금이라도 개선해 보고자 함이니, 주민으로 함께 살며 해결책을 찾아보자."

세 사람은 이 같은 의지로 판자촌 안에 터를 잡고 주민들과 동고동락하고자 했다. 그러나 상황이 여의치 않아 동네 초입에 가게 딸린 집을 구한 것이다.

이 첫 집에 '미니'란 수식어가 붙은 이유는 온전한 1층이 아니라 반지하에 가까웠기 때문. 1층에는 약국과 복지관 사무실로 쓸 공간 두 개와 작은 방 두 개, 2층으로 올라가면 방 두 개와 마루가 있었고, 지하실은 연탄을 재놓는 용도로 쓰였다.

이 37평짜리 집은 당시에 유행하던 형태로, 번듯한 수도와 수세식 화장실까지 갖춘 이른바 '문화주택'이었다. 시흥동 한편에는 산동네 판자촌이, 다른 한편에는 미니 2층이나 단층집들이 자리하고 있던 시절. 그 밖의 지역은 거의 밭이었고, 동네에는 구멍가게가 두 개쯤 있었다. 산동네 판잣집들에 비하면 이 집은 가히 '럭셔리하게' 좋은 편이었다.

그런데 얼마 지나지 않아 이곳의 비밀이 밝혀진다. 실은 겉만 그럴싸한, '짝퉁' 문화주택이었다.

첫째, 물이 나오지 않았다. 집을 둘러볼 때 수도꼭지에서 물이 안 나와 이웃에게 물어보니, "물 사정이 안 좋아서 밤에만 나온다"는 대답. 그 말을 믿고 이사한 뒤 밤에 수도꼭지를 틀어놓은 채 아무리 기다려도 물 한 방울 나오지 않았다. 집장사가 집을 지으면서 수도꼭지만 번듯하게 달아놓고 상수도관을 연결해 놓지 않았던 것.

둘째, 더 큰 문제는 화장실이었다. 수세식 화장실의 모양만 갖추었을 뿐 물이 내려가지 않았다. 처음에는 그 원인을 짐작조차 하지 못했는데 확인 결과 정화조와 하수도 배수관이 아예 연결되어 있지 않았던 것.

이웃 주민들 말에 따르면, 그 터에 집장사가 집을 지으면서 업

1975년 2월 1일에 이사한 첫 집.
사진에서 집의 왼쪽 측면이 전진상 약국 방향.

자들끼리 싸움이 나서 상하수도관을 제대로 연결시키지 않은 모양이었다. 더욱이 예전에 그 집에서 세를 살다가 연탄가스로 사망한 이가 있다는 소문도 들려왔다.

그러나 이처럼 원초적인 어려움도 전진상 식구들의 뜨거운 의지를 꺾을 수는 없었다. 어쩌면 이런 문제들을 겪으며 판자촌 주민들의 현실을 더 빨리 체감했는지도 모른다.

1975년 6월 7일, 시흥 전진상 공동체는 드디어 전진상 약국 문을 열고 첫 발을 내딛는다. 최소희는 약국을 지키고, 배현정과 유송자는 동네 주민들에게 어떤 도움이 필요한지를 파악하고자 매일같이 산동네에 올랐다. 전진상 약국은 지역의 사랑방 역할을 했고, 최소희는 약사로서 주민들에게 올바른 복약 지도 등 상담과 교육을 실시했다. 전진상 복지관도 그해 10월 25일 정식으로

'전진상 가정복지센터'의 문을 열고, 부설 무료 진료소를 개설한다. 당시 간호사였던 배현정과 사회복지사 유송자는 가정방문 활동을 통해 방문 간호 및 재가복지에 주력했다. 무료 진료소에서는 김중호 신부가 이끄는 외부 의료봉사자들이 매주 토요일마다 진료를 실시했다.

1970년대는 우리 사회에서 산업화가 급격하게 이루어지던 시기였다. 그로 인해 농촌 인구가 서울로 모여들었고, 특히 전진상 약국과 복지관이 문을 연 1975년은 지방에서 서울로 전입한 인구가 가장 많은 해였다.

전입인구가 가장 많은 연도는 1975년으로 이 시기의 순 전입인구(전입-전출)는 46만 명에 달했다.

지방에서 올라온 사람들은 산동네 판자촌에라도 자리 잡고 살 궁리를 했고, 서울이 재개발되며 도심에서 밀려난 사람들은 지금의 전진상 의원이 위치한 시흥동 등 외곽 지역으로 떠밀리던 때였다.

그런 혼란기, 젊은 여자들끼리 서울 빈민 지역에 들어가 산다는 것은 결코 쉬운 일이 아니었다. 전진상 약국 앞 골목에서는 알

• 서울연구데이터서비스, 〈도시개요〉, 《지표로 본 서울변천 2010》 참고.

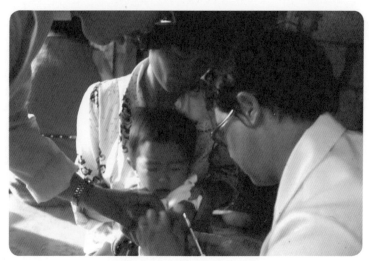

간호사로서 예방접종 중인 배현정(1970년대).

가정방문 중인 배현정과 유송자(1970년대).

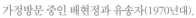

코올중독자들이 수시로 행패를 부렸고, 판자촌에서는 동네 사람끼리 칼부림하는 일도 있었다. 어떤 날은 조현병 환자가 옷을 홀딱 벗고 약국에 침입하기도 하고, 한밤중에 느닷없이 돌이 날아와 약국 셔터에 구멍을 내기도 했다. 이 모든 두려움과 싸워내는 것도 전진상 식구들의 몫이었다.

더욱이 약국은 현금이 있는 곳이다 보니 가난한 동네에서 표적이 되기 쉬웠다. 이사 오고 얼마 동안은 여자들만 산다는 표를 내지 않으려고 남자 신발을 현관에 꺼내놓거나, 남자 목소리까지 녹음해 두었을 정도다. 또 머리맡에 호신용 고춧가루를 놓고 잠을 청하기도 했다.

김수환 추기경도 이런 사정을 알고 몹시 안타까워했다.

"고운 처자들이 제복도 없고 보호막도 없이 험난한 생활을 어찌해 나갈꼬…. 제복 입은 성직자, 수도자가 하기 힘든 일을 평신도인 아피들이 맡아주어 고맙다."

그 '고운 처자들'은 안팎으로 열악한 상황에도 불구하고 "목표를 향해 곧장 가라!"는 아피의 가르침을 되새기며 꿋꿋하게 나아갔다. 그들은 아피 회원이 될 때 서약한 대로 "하느님의 부르심에 응답하여 그리스도를 증거하고 복음적 삶을 이루는 데 일생을 봉헌"하기 위한 여정을 시작한 것이다.

그들의 아름다운 여정에 진짜 '남자 신발'을 신은 또 한 사람이 합류한다.

사랑스러운
재주꾼
임덕균

　시흥동 미니 2층집에 이사 오고 얼마 안 되어서의 일이다. 전진상 식구들이 약국 준비로 분주하던 어느 날, 말쑥한 차림의 20대 초반 남성이 찾아왔다. 그의 이름은 임덕균. 시흥 전진상 공동체의 네 번째 주인공이자, 전진상 식구들 사이에서 '맥가이버'로 통하는 만능 재주꾼이다.

　교리교사 출신의 임덕균은 가톨릭교리신학원에서 최소희 선생에게 공부를 배운 인연이 있었다. 그가 군대를 제대한 후, 스승인 최소희가 시흥동 빈민 지역에 들어가 약국을 준비한다는 소식을 듣고 찾아온 것이다.

　당시 전진상 약국 주변에서는 그들의 미니 2층집처럼 문화주택이라 불리는 집들이 한창 신축 중이었다. 신축 공사장에서 일하던 막노동자들은 허기와 힘든 노동을 막걸리에 의존해서 풀

검사실 업무를 돕는
임덕균(1976년).

었고, 사고와 싸움이 잦았다. 이런 곳에 젊은 여성들 셋이 가난한
이웃들과 함께 살겠다고 둥지를 틀었다니, 임덕균은 놀라지 않
을 수 없었다.

그 무렵 임덕균은 수도자의 길을 가길 원했으나, 집안의 장손
이란 이유로 할아버지가 반대해서 진로를 정하지 못한 상태였
다. 그러던 중 자신의 도움이 필요한 시흥 전진상 공동체를 보며
자문하게 된다.

'내가 가고자 했던 수도자의 길을 여기서 찾을 수 있지 않을까?'

미니 2층집 공사에 나선 임덕균과 배현정(1970년대).

임덕균은 딱 1주일만 이곳 '누님들'을 돕고 자신의 자리로 돌아가겠다고 결심했다. 하지만 발길이 쉽사리 떨어지지 않았다. 이 험악한 동네에 차마 누나들만 두고 갈 수 없었기 때문이다. 그래서 낮에는 외부에 나가 본인의 업무를 하고, 저녁이면 돌아와 든든한 지킴이가 되어주었다. 1주일이 한 달이 되고, 또다시 한 달… 그렇게 임덕균은 시흥 전진상 공동체의 식구가 된다.

막내 임덕균의 존재는 기존 전진상 식구들에게도 큰 기쁨이 되었다. 손재주가 뛰어나 뭐든 척척 만들어내고 어떤 일이든 마다하지 않는 모습도 사랑스러웠지만, 각기 다른 성격의 누나들 틈에서 그 다름을 인정하며 잘 적응해 준 점이 무엇보다 고마웠다.

사실 처음부터 모든 전진상 식구가 임덕균과의 동거를 편하게 여긴 것은 아니다. 그는 최소희하고만 친분이 있었고 성별도 달랐기 때문이다. 임덕균이 전진상에 도착하고 얼마 안 되었을 때, 하필 그를 가장 어려워하던 배현정과 단둘이 집을 지킬 일이 생겼다.

배현정은 남자 형제 없이 자라서 낯선 남자와의 동거가 영 불편한 데다, 임덕균의 인상도 처음에는 다소 깐깐하고 차갑게 느껴졌다. 그런 배현정에게 최소희는 "된장찌개만 해주면 임덕균이 잘 먹을 것"이라는 조언을 남기고 떠났다. 배현정은 그 조언대로 된장찌개를 끓여 밥상을 차려주었고, 다행히 임덕균은 밝은 표정으로 맛있게 먹었다. 그 모습에 안도한 배현정이 5일 동안 된장찌개만 끓여대자 참다못한 임덕균은 결국 "맛있지만 이제 그만!"이라고 애원했다.

임덕균의 입장에서도 전진상 식구들과 이곳 주민들에게 적응해 가는 과정이 쉽지만은 않았다. 한번은 이런 일도 있었다. 당시 시흥 전진상 공동체는 살림이 넉넉지 않아서 신문까지 정기 구독할 형편이 못 되었다. 그런데 언제부턴가 자꾸 신문이 들어오는 게 아닌가. '신문사절'이라고 큼지막하게 써 붙였지만 소용이 없었다. 하루는 임덕균이 화가 나서 새벽 3시까지 자지 않고 기다리다가 신문 배달원을 붙잡았다. 범인은 10대 소년이었다. 그 소년은 꾸벅 인사를 하더니 부리나케 내빼버렸다.

다음날, 혹시나 싶었는데 역시나 신문이 와 있었다. 불쾌한 마음으로 신문을 집어 드는 순간, 편지 한 통이 바닥에 떨어졌다. 그 편지에는 이런 내용이 적혀 있었다.

선생님들께 고마움을 전하고 싶었는데 다른 방법이 없었습니다. 제 몫으로 떨어지는 신문이 생겨 무료로 넣어드리는 것이니 부담 갖지 말고 봐주세요.

그 소년은 전진상 복지관에서 '장학금'을 받으며 생활하는 학생인 듯했다. 임덕균의 마음속에서 작은 물결이 일었다. 이렇게 시흥 전진상 공동체의 막내는 주민들과 더불어 사는 법을 배워갔다.

전진상 식구들과 최소희의 조카.
왼쪽부터 유송자, 임덕균, 배현정, 최소희
(1976년).

꽃무늬
수프 단지
검문 사건

전진상의 첫 집이었던 짝퉁 문화주택. 그곳의 '무늬만' 수세식 화장실은 문제가 심각했다. 특히 벨기에에서 온 배현정은 "화장실 에피소드는 하루 종일 얘기할 수 있을 정도"라고 할 만큼 화장실 문화에 충격을 받았다.

배현정은 시흥동 산동네를 돌아보며 주민들이 사용하는 공동 화장실과 맞닥뜨렸다. 이른바 재래식 '공동변소'였다. 집집마다 열쇠를 받아다 썼는데, 급해서 화장실에 가면 늘 줄이 길게 늘어서 있곤 했다. 게다가 미니 2층집에 이사 온 며칠 후, 화장실에 가서 수세식 변기의 물을 내렸는데 용변이 거꾸로 올라오는 게 아닌가. 그 집은 배수관이 제대로 연결되지 않은 것은 물론 정화조마저 꽉 차 있었다.

큰일이었다. 이미 며칠 전 김수환 추기경과 몇몇 지인들을 집들이에 초대해 놓았기 때문이다. 아직 만능 재주꾼(임덕균)이 합류하기 전이라 여성 셋이서 화장실 문제를 해결해야만 했다.

고민 끝에 그들은 요강을 빌려오기로 했다. 최소희는 독일인 친구 집에 예쁘게 진열되어 있던 사기요강을 떠올렸다. 처음 본 외국인에게 흔히 그릇이란 오해를 사는 우리네 요강. 더욱이 꽃무늬까지 곱게 새겨진 사기요강이라면 그 친구처럼 수프를 담아 두는 단지나 귀한 도자기로 착각할 만했다.

최소희와 배현정이 '귀한 수프 단지'를 빌려 택시를 탄 것까지는 좋았다. 그런데 검문소에서 헌병의 검문에 걸리고 말았다. 그때는 서울로 들어가는 도로 주변에 검문소가 있어서, 수상한 사

사진 왼쪽의 작은 판잣집이 재래식 공동화장실(1970년대).

람이나 물건을 검열하곤 했다. 흔히 '암달러상'이라 불리는 달러 장사들이 많던 때라, 헌병 눈에는 신문지 뭉치를 끌어안고 있는 최소희가 몹시 수상해 보였던 모양이다. 언뜻 보면 '그 물건'이 달러 뭉치 같은 데다, 옆자리에 낯선 외국인까지 앉아 있었으니.

헌병   "그 안의 내용물을 보여주십시오."
최소희   (민망해하며) "아 이거는…."
헌병   (배현정을 흘끗 쳐다본 뒤) "어서 열어보십시오."
최소희   (신문지 뭉치를 꼭 끌어안으며) "이거는 안 되는데…."

결국 최소희는 몇 차례 더 재촉을 받고 나서야 신문지 안의 내용물을 보여주었다. 헌병의 얼굴에 당황한 기색이 번지며 막을 내린 사기요강 검문 사건. 그렇게 어렵사리 구해온 귀한 물건이지만 정작 집들이 날에는 쓰일 기회가 없었다. 집주인들의 간곡한 부탁 때문이었다.

"추기경님, 맥주는 드시지 마세요."

고기와 맥주까지 잔뜩 차려놓고는 먹지 말라니. 화장실 사정을 전해들은 김수환 추기경이 웃으며 답했다.

"알았어, 맥주는 안 먹을래."

그 후 한동안 요강으로 화장실을 대체했지만, 또 다른 고민거리는 요강 비우기였다. 아침마다 주변 공업단지로 일하러 가는

산동네 공동수도에서
물을 받아 나르는 주민들
(1970년대).

사람들의 행렬을 피해 요강을 비우는 것도 큰일이었다.

화장실뿐만 아니라 물 문제도 심각했다. '무늬만' 수도꼭지에서는 물이 한 방울도 나오지 않아 공동수도에서 물을 길어다 써야 했다. 그런데 산동네에 설치된 공동수도 60여 개를 약 4만 명의 주민들이 함께 이용하다 보니 물을 받기 위한 행렬이 끊이지 않았고, 물 때문에 싸우는 일도 잦았다. 그래서 씻을 때는 미리 받아놓았던 빗물을 썼으며, 식수로는 우물이나 약수를 사용했다. 미니 2층집의 젊은 처자들을 안쓰러워한 옆집 할아버지가 약수를 짊어지고 와서 선물하기도 했다.

다행히 얼마 뒤 전진상 식구들은 최소희가 몸담았던 가톨릭교리신학원 원장 이상훈 신부의 도움으로 마당에 샘물을 팠다. 양도 적고 깨끗하지 않았지만 그전의 고생에 비하면 감사할 따름이었다. 물이 귀하다 보니 샤워도 마음대로 할 수 없었다. 전진상 식구들은 외국인 친구 집에 갈 일이 생기면 양해를 구한 뒤 30분쯤 먼저 가서 샤워와 빨래를 해가지고 왔다. 빨래를 마친 보따리를 들고 버스에 탔다가 물이 줄줄 흘러내려 얼굴이 새빨개진 적도 있다.

보다 못한 최소희의 어머니가 구청에 항의를 해서 1주일에 두 번씩 물차(식수 트럭)가 오기 시작했다. 물차가 왔다고 종이 딸랑딸랑 울리면 부리나케 식수 담당이 달려나갔다. 그 담당은 주로 배현정이었는데, 여러 식구들이 며칠 동안 마실 물을 한꺼번에

샘물 공사를 지켜보는 최소희와 이상훈 신부(1975년).

받아 오자니 너무 힘들어서 수레가 있으면 좋겠다고 생각했다.

물수레 제작은 물론 임덕균의 몫이었다. 맞춤형 물수레가 완성되자, 신바람 난 배현정은 월남치마 휘날리며 식수를 실어 날랐다. 덜덜거리며 수레바퀴 구르는 소리가 어찌나 크던지 온 동네에 울릴 정도였다고 한다. 신나게 물수레를 끌다가 물통을 엎어뜨려 물난리가 난 적도 있었다. 그래도 실어 나를 물이 있고, 귀한 물을 함께 나눌 식구들이 있어 행복한 나날이었다.

신부님,
우리들의
신부님

전진상 의원의 버팀목 김중호 신부

지금이야 '전진상 의원' 하면 으레 배현정 원장부터 떠올리지만, 전진상 의원의 최초 개설자는 김중호 신부였다. 김중호 신부는 전진상 약국 준비 단계부터 함께하며 외부 의료봉사자들을 섭외해 주었다. 덕분에 전진상 복지관은 1975년 10월 문을 열고 매주 토요일마다 무료 진료소를 운영했으며, 1976년 9월에는 '전진상 부속의원'으로 정식 인가를 받고 김중호 신부를 원장으로 등록했다.

의사 집안에서 태어난 김중호 신부는 가업을 잇고자 서울대학교 의과대학에 진학하나, 본과 2학년을 마친 뒤 사제가 되겠다는 소명으로 가톨릭대 신학대(대신학교)에 다시 입학한다. 신학생이 된 그는 신학대 학장신부의 배려로 의대로 되돌아가 학업을 마치고 신학교로 복귀한다. 그리하여 1973년 국내 최초의 의사 겸

신부, 즉 '의사신부 1호'가 된다.

1974년 가을, 혜화동 성신고(지금은 없어진 소신학교) 지도신부로 근무하고 있을 때 전진상 의원·복지관을 준비 중이던 세 명의 아피(AFI) 회원들이 찾아왔다. 배현정은 간호사였기 때문에 환자 진료를 위해 의사의 도움이 필요했던 것. 서울대 가톨릭학생회 지도신부를 겸임했던 김중호 신부는 후배 의사들에게 주말 봉사를 부탁하면서 시흥 전진상 공동체와 인연을 맺게 된다.

누구는 어디가 아파 인분을 먹었다느니, 된장을 발랐다느니 하는 민간요법에 매달리던 시절. 김중호 신부는 그런 시흥동 주민들을 위해 무료 진료소를 열기로 하고, 진료에 필요한 의료진

전진상 복지관과 의원의 초기 명칭은
각각 '전진상 가정복지쎈터', '전진상 부속의원'이었다.

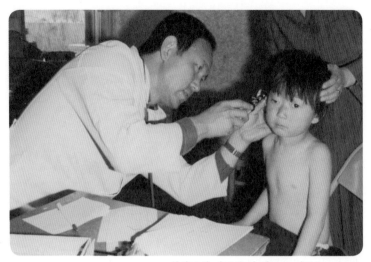
의사로서 진료 중인 김중호 신부(1970년대).

과 장비들도 직접 준비했다. 필요한 의료기기는 외과 의사였던 자신의 아버지 병원에서 조달했으며, 봉사할 간호사들과 서울대 전공의들을 주말마다 배치하는 등 진료에 필요한 모든 뒷바라지를 해주었다.

그런데 무료 진료소는 이내 또 다른 어려움에 직면한다. 그것은 진료받은 이들 중 중환자와 수술이 필요한 환자들을 해결하는 문제였다. 국민건강보험제도가 시행되기 전이라 가난한 주민들은 엄청난 입원비와 수술비를 감당할 능력이 없었다. 치료를 포기한 채 죽음을 기다리는 환자들을 지켜보는 것은 너무나 안타까웠다. 그래서 김중호 신부는 조금이라도 아는 사람이 있는 큰 병원이면 어디든 찾아가 사정하고 떼를 써서라도 환자들의 치료를 도왔다.

김중호 신부는 환자들뿐만 아니라 시흥 전진상 식구들에게도 신경을 많이 써주었다. 전진상 식구들에게 김중호 신부는 한마디로 "영육 간의 건강을 지켜준 신부님"이었다. 먹을 것이 귀하던 시절, 전진상 약국에서 버는 수입만으로는 기본 생활비도 빠듯했다. 그런 상황을 잘 아는 김중호 신부는 이따금 전진상 식구들을 뷔페에 데려갔다. 한번은 난지도에서 봉사하는 수녀들(예수의 작은 자매들의 우애회)도 초대하여 많이 먹기 시합을 제안, 유쾌한 웃음을 선사했다. 김중호 신부는 난지도의 쓰레기산 옆 수녀원에도 임시 진료소를 개설해 주었다.

전진상 약국에 이어 복지관과 의원까지 개설되어 본격적인 활동을 펼치면서 1983년에는 반지하 공간을 개조하여 진료실을 증설했다. 아울러 교육 활동이 늘어남에 따라, 교구 보조와 후원자들의 도움을 받아 1986년 미니 2층집 뒤편의 농가 한 채와, 몇 개의 작은 방이 붙어 있는 흙벽 집을 사들였다. 그리고 그곳을 유치원 및 전진상 식구들의 주거 공간으로 활용했다.

그러나 전진상 식구들이 자신들의 안락한 생활까지 신경 쓸 여력은 없다 보니 흙벽 집에서 연탄난로를 사용하다가 쓰러지는 일이 발생했다. 연탄가스 중독이었다. 다행히 건강을 회복했지만, 이를 본 김중호 신부가 단호히 말했다.

"이렇게는 안 되겠다! 앞으로 많은 일을 해야 할 사람들이 장애인이 되면 누가 돌봐주겠는가."

그러고는 당장에 연탄난로를 석유난로로 교체해 주었다. 김중호 신부의 도움은 여기서 그치지 않고, 현재의 전진상 의원·복지관 건물을 새로 짓기 위한 모금 활동까지 이어졌다. 이를 위해 김중호 신부는 1989년 내내 거의 매 주말마다 본당 22곳을 돌며 강론을 했다. 관련 사진들을 패널로 만들어 보여주며 전진상 의원·복지관이 처해 있는 현실과 활동의 의의를 피력해 나갔다.

김중호 신부가 모금 활동을 나갈 때면 전진상 식구들도 동행

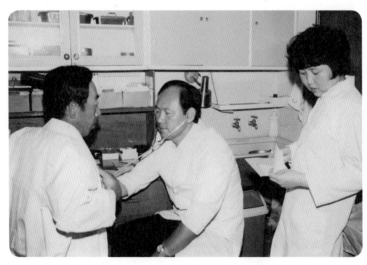

전진상 의원 개설자였던 김중호 의사신부.
오른쪽은 김영자 간호사.

했다. 유송자는 처음 잠원동성당에 나가서 신축비를 모금하던 기억을 잊을 수 없다.

"내가 배고프고 먹을 게 없어 도와달라는 것도 아닌데 왠지 부끄럽고 창피했어요. 주는 게 쉽지 받는 건 더 어렵더라구요. 구걸하는 기분 때문인지 하염없이 눈물이 흘렀어요. 그러면서 우리를 직접 찾아와 도와달라고 손 벌리는 이들의 마음은 어떨까 헤아리게 되었죠. 그래서 지금도 늘 상담하러 오시는 분들 입장에 서서 생각하려고 노력합니다."

유송자는 "지나고 보니 그 눈물은 하느님이 주신 은총의 선물 같다"고 덧붙였다.

결핵 환자들의
대모
김영자

　　1978년, 전진상 의원·복지관이 문을 열고 3
년쯤 되었을 무렵 새로운 가족이 합류한다. 다섯 번째 주인공인
김영자 간호사다. 김영자는 우리나라 최초의 사제인 성 김대건
안드레아 신부의 방계 후손으로, 1940년 개성에서 태어나 어린
시절부터 부모에게 신앙 교육을 받으며 성장했다. 초등학교 4학
년 때 6·25전쟁이 발발하자 강화도를 거쳐 인천에서 피난 생활
을 하다가 이모가 사는 군산으로 내려갔다.

　군산에서 고등학교를 졸업한 뒤 1964년 전주로 거처를 옮겼
고, 전주에서 직장 생활과 동시에 성당 활동에도 열심히 참여했
다. 가톨릭노동청년회와 걸스카우트 활동을 하던 중 캐나다 출
신의 국제가톨릭형제회(AFI) 회원을 만났다. 김영자는 타국에서
헌신적으로 평신도 사도직을 수행하는 아피 회원의 모습에 감동

을 받았고, 자신의 성소에 대해서도 깨달았다. 그 결과 공동체와 더불어 세상 안에서 사도직을 수행하고자 국제가톨릭형제회에 입회한다.

전주에는 김영자 외에도 아피 '관심자들'이 두 명 더 있었다. 세 사람은 신앙 공동체 생활을 함께하기로 뜻을 모으고 서울에 가서 본격적인 수련을 받기로 했다. 1965년 3월, 김영자는 가족들 곁을 떠나는 슬픔과 미래에 대한 설렘을 동시에 간직한 채 서울행 기차에 올랐다.

서울에 도착한 김영자는 당시 삼선교 아피 수련소에 머물며 2년 동안 수련을 받는다. 수련 책임자 및 선배들과 공동체 생활을 하며 아피의 기본 정신과 역사를 배웠고, 매일의 기도 생활을 통해 사랑과 감사의 시간을 채워나갔다. 수련 기간 동안 가톨릭교리신학원을 수료하는 한편, 혜화동성당에서 걸스카우트 대장으로 학생들을 지도하며 보람도 느꼈다.

1967년 성령강림대축일에 김영자는 많은 친지와 가족의 축하 속에 아피 서약을 하고 정회원이 되었다. 어린 시절 꿈꾸던 간호사가 되어 사회에 봉사하기로 마음먹은 김영자는 가톨릭대학교 간호대학에 진학한다. 1972년 간호대 졸업 후 목포의 성 골롬반 간호전문대학에서 전임강사로 활동하던 중 원인을 알 수 없는 병마가 찾아왔고, 그 후유증으로 인해 후학 양성을 멈추어야만 했다. 그 후 건강이 많이 회복되어 가톨릭대 의정부성모병원 수

지역 주민들의 결핵 퇴치에 앞장서 온
보건간호사 김영자
(1996년 모습).

간호사로서 3년 반 동안 성실히 근무했다.

아피 회원들은 신앙, 인간 해방을 위한 참여, 우주성 등 세 가지를 사도직 수행과 삶의 우선적인 선택 기준으로 삼으며, 세계관을 넓히고 여러 인종과 문화를 이해할 수 있도록 국제 경험을 쌓는다. 1975년 7월, 김영자도 국제 경험을 위해 아피 회원이 선교 활동 중인 필리핀으로 떠나 산토토마스 대학교 보건간호 대학원에 진학한다.

김영자는 필리핀의 결핵 환자를 돌아보며 결핵은 환경이 열악할수록 더 많이 발생하고, 내성균으로 인해 치료에 어려움이 따르는 만성 질환이라는 사실을 알게 되었다. 세계보건기구(WHO) 소속 인도 의사와 덴마크에서 온 통계학자의 적극적인 도움으로 논문 주제를 선택했으며, 변두리 빈민 지역의 결핵 환자 면담 결과를 토대로 논문을 완성했다.

1978년 석사 학위를 취득한 김영자는 시흥 전진상 공동체의 일원이 된다. 보건간호사 김영자의 합류로 5인 체제가 된 전진상 의원·복지관은 해당 지역에 더욱 최적화된 의료 활동을 펼쳐나간다. 당시 시흥동 판자촌은 김영자가 필리핀에서 방문한 지역과 비슷하게 가난하고 열악한 환경이었으며, 전진상 의원에 등록된 환자의 12퍼센트가 결핵 환자일 정도로 결핵이 만연해 있었다. 전기와 물 공급이 안 되는 데다 공동화장실을 사용했고, 결핵 환자가 발생해도 격리되지 않고 발병 사실을 숨긴 채 살았으

지역 주민과 담소를 나누는 김영자(1970년대).

김영자 합류 후 전진상 식구들(1979년).

므로 결핵균이 확산될 수밖에 없는 조건이었다.

김영자는 필리핀에서 이론과 현실로 체득한 치료법과 대한결핵협회의 도움에 힘입어 지역 주민들의 결핵 퇴치에 앞장섰다. 차츰 병이 호전되는 사람들이 늘어났으나 아무리 설명해도 약을 먹지 않아 내성균 때문에 치료가 어려워지는 경우도 생겼다. 심지어 양쪽 폐가 망가지고 온갖 장기에 퍼져서 결핵으로 사망하는 환자들도 있었다.

1983년에는 한국가톨릭결핵사업연합회(12기관)가 설립되어 회원들 간의 교류 및 대한결핵협회와의 연대를 통해 결핵 치료 네트워크를 구축해 나갔고, 김영자는 연합회의 초대 부회장으로서 활동했다. 연합회에서는 회원들의 지식과 정보를 공유하고 환자들에게 필요한 약품과 물품을 지원했으며, 격리가 필요한 환자들을 선별해 가톨릭 결핵 요양시설에 입원시키는 등 결핵 사업을 펼쳤다.

김영자는 1990년부터 2004년까지 전진상 의원·복지관에서 가톨릭대 간호대생들의 지역사회 보건간호 실습을 지도하는 등 많은 실습생과 봉사자들의 관리를 맡아왔다. 현재는 전진상 의원·복지관의 재정 담당자로서 살림을 총괄하며 원활한 운영에 힘쓰고 있다.

똥개가
먹어버린
1만 원

　　　시흥 전진상 공동체는 어려운 주민들을 돕기 위해 약국과 복지관 문을 열었지만, 정작 자신들은 생활고에 시달렸다. 전진상 약국의 수입이 있다 해도 가난한 이웃들을 지원하고 여러 식구들의 생활비까지 해결하기에는 턱없이 부족했다. 그래서 저마다 재능을 살려 돈벌이할 방법을 강구한다.

　그중 임덕균은 손재주를 발휘하여 여러 작품을 만들었다. 시흥 전진상에서 1주일만 머물겠다던 스물세 살 청년, 그는 사회에서 이야기하는 명예 같은 것보다 '인간을 위한 사랑'을 가장 큰 가치로 알았다. 시흥 전진상 공동체에서 생활하다 보니 이웃 사랑을 실천하는 아피(AFI) 회원의 삶이야말로 자신의 지향점과 잘 맞는다는 생각이 들었다.

　그리하여 임덕균은 1978년 8월, 국제가톨릭형제회에 입회한다. 그때까지 국내에서는 미혼인 여성만 입회가 가능했는데, 임덕균의 입회 청원을 계기로 개방성에 대한 논의가 이루어진 끝에 그를 국내 최초의 남성 아피 회원으로 받아들였다.

전진상 의원·복지관에는 임덕균의 손을 거치지 않은 가구와 제품이 없다고 해도 과언이 아니다. 냉장고 포장 궤짝을 뜯어 만든 화장실 수건 수납장부터 가스 순간 온수기에 이르기까지, 무엇이든 뚝딱 만들어냈다. 게다가 그림 솜씨도 뛰어났다. 그의 다양한 능력은 경비 절약뿐 아니라 생활비를 버는 데도 도움이 되었다.

성탄절이 가까워지면 임덕균은 직접 그림 카드를 만들었다. 어떤 때는 무려 3천 장이나 동양화 난(蘭)을 친 적도 있다. 배현정이 완성된 그림 카드와 그 밖의 한국 물품(장어가죽 지갑, 태극 부채 등)을 벨기에 고향집으로 보내면 배현정의 어머니가 그것들을 팔아 후원비로 보내주고는 했다. 하지만 그렇게 조성된 후원비는 전적으로 도움이 필요한 이웃들을 위해 쓰였기 때문에, 생활비는 여전히 숙제로 남았다.

그즈음 메리놀회 소속의 미국인 수녀가 배현정에게 프랑스어를 가르쳐달라는 제안을 해왔다. 거절할 이유가 없었다. 이런 개인 교습이 처음이었던 배현정은 수업료를 언제, 얼마를 줄 건지 묻지도 않고 수업을 시작했다. 당시에는 외상으로 쌀을 사다 먹을 만큼 사정이 어려웠기에, 한 푼이 아쉽던 전진상 식구들은 미국인 수녀가 수업료 줄 날만 손꼽아 기다렸다.

그렇게 한 달이 지나자 미국인 수녀는 고맙다며 '1만 원'을 봉투에 넣어 식탁 위에 올려놓고 갔다. 당시 1만 원이면 꽤 큰돈으로, 80킬로그램 쌀을 반 가마니 살 수 있었다. 당장 먹을 쌀도 없던 터라 큰돈을 받은 배현정은 감격한 나머지 약국으로 뛰어가 최소희에게 기쁜 소식을 전했다. 그러고 나서 집 안으로 돌아와 식탁 위를 봤는데 봉투가 감쪽같이 사라져버렸다.

'이상하다, 금방 누가 다녀갔을 리도 없고….'

당황한 배현정은 이리저리 뒤져보았다. 그러다가 집에서 기르던 강아지에게 눈길이 머물렀는데 아뿔싸, 강아지가 뭔가를 질근질근 씹고 있는 게 아닌가! 강아지도 배가 고팠던지 이미 봉투의 반은 뱃속으로 넣어버린 뒤였다. 배현정은 화가 치민 나머지 평소 무척 예뻐하던 강아지를 발로 차고 말았다.

분위기가 얼마나 심각했던지, 약국에 온 손님이 최소희에게 "오늘 이 집에 무슨 일 있어요?"라고 물을 정도였다. 자초지종을 들은 손님은 방법이 있다며 알려주었다.

"강아지 똥에 섞여 나온 돈을 씻은 다음, 이어 붙여서 한국은행에 가져가 보세요. 그러면 아마 바꿔줄 거예요."

이 말을 들은 전진상 식구들은 따라해 보기로 하고, 한마음으로 강아지가 똥 누기를 기다렸다. 그 똥을 씻어 채로 거르는 고난도 작업은 임덕균이 담당했다. 그렇게 공을 들였건만 안타깝게도 지폐는 기대만큼 제 모양대로 나와주지 않았다.

배현정은 할 수 없이 반만 남은 지폐를 들고 한국은행에 가서 설명했다. 처음에는 은행 담당자가 난색을 표했으나, 외국인이 울먹이며 사정하자 결국 5천 원권을 내주었다. 덕분에 '귀한 돈'은 생활비에 보태졌고, 문제의 강아지는 이후 한 달간 배현정을 쳐다보지도 않았다.

활달한 성격만큼
활동적인 취미를 즐기던 배현정
(1970년대).

1988년 전진상 식구들.

예전과 같은 포즈를 취한 전진상 식구들.
왼쪽부터 배현정, 임덕균, 김영자, 최소희, 유송자.
[사진·김지연]

시흥 전진상 공동체의 로고

전·진·상

가진 것을 나누기 위해
내 움켜쥔 손을 활짝 펼 때
비로소 우리는 우리에게 쏟아지는
은총의 선물을 받을 수 있고
또 나눌 수 있습니다

시흥 전진상 공동체의 정신이 담긴 로고와 문구는 임덕균
이 만든 것으로, 소식지 《전·진·상》을 비롯하여 전진상
의원·복지관 홈페이지와 각종 안내물에 쓰이고 있다.

2장

환자를 업고 뛰어라

배현정은 택시를 산동네 언덕에 세워둔 채
K양을 업고 나왔다. 그런데 힘겹게 내려오는
모습을 본 택시 기사가 차를 돌려 내빼는 것이 아닌가.
더 이상 머뭇거릴 수 없었다.
K양을 들쳐업고 단숨에 산동네를 뛰어 내려왔다.
하늘에서 쏟아지는 빗줄기와
눈물, 땀이 뒤범벅되었다.

불쌍한
아줌마,
어서 오세요

　　초창기 시흥 전진상 식구들은 날이 밝으면 맨
먼저 산동네에 오르는 것으로 하루 일과를 시작했다. 간호사와 사
회복지사, 또는 간호사와 의사가 조를 짜서 산동네 구석구석 중환
자들과 거동이 불편한 사람들을 찾아가 혈압과 맥박을 재어주
고, 필요에 따라 결핵·백일해·홍역 예방주사도 놓아주었다. 또
환자 한 사람이 아니라 가족 전체를 대상으로 차트를 만들고 면
담을 하여 그 가정에 필요한 지원책을 강구해 나갔다. 교육을 제
대로 받지 못한 가정일수록 가난과 질병은 안타깝게 계속 대물
림되었다.

　시흥동 산동네 판자촌에는 말 그대로 방치된 환자들이 많았
다. 제때 치료를 받지 못한 알코올중독자와 조현병 환자들이 난
동을 부렸고, 연탄가스에 중독되거나 생활고 비관으로 음독자살

하는 이들도 있었다. 열악한 주거 환경과 영양실조 등의 이유로
결핵 환자 비율도 높았다. 방 한 칸에 7~8명이나 되는 대가족이
거주하는 데다, 주민들이 비위생적인 우물과 화장실까지 공동
사용하다 보니 전염병이 쉽게 전파되었다.

그렇게 날마다 산동네 환자들을 찾아가던 보건간호사 김영자
에게 이런 인사를 건네는 아주머니가 있었다.

"불쌍한 아줌마, 어서 오세요."

가정방문 길에 자주 들르던 그 집의 아주머니야말로 오른쪽
다리를 무릎 위까지 절단하여 방 안에서만 움직일 뿐 바깥출입
도 어려운 상태였다. 그런데 왜 자신을 도우러 오는 간호사를 오
히려 불쌍하게 여긴 걸까.

김영자는 가정방문을 다니며 불우한 환경에 처한 이들을 많
이 만났지만 지금도 그 아주머니 집을 처음 방문했을 때 받은 충
격을 잊지 못한다. 겨우 두 사람이 구부려야 간신히 누울 수 있는
좁은 공간, 빛이 없어 사람 얼굴조차 알아보기 힘든 방 안에는 오
른쪽 다리에 심한 화상을 입은 여인이 누워 있었다. 그 여인의 인
생사는 시흥동 산동네 여느 집마다 있을 법하게 기구했다.

6·25전쟁 때 부모형제와 생이별하고 고아원에서 자라다가 도
망쳐 나와 산전수전 다 겪은 끝에 결혼을 했다. 그러나 이내 사별
하고 갓난아이 하나 데리고 살다 지금의 남편과 만났다. 당시 노
총각이던 남편이 아이 딸린 과수댁과 결혼하자 시댁에서는 온갖

1970년대 시흥동 산동네 판자촌.

방문 간호 중인 김영자(왼쪽).

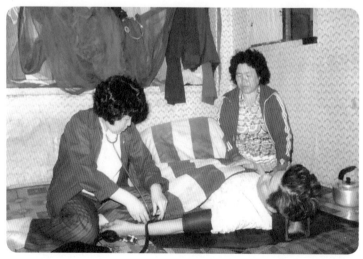

멸시를 퍼부었고 그래도 여인은 살아보겠다며 행상, 막노동, 파출부로 나섰다. 살길이 막막하던 차에 남편마저 차츰 술에 빠지더니 폭력까지 행사했다.

"그날도 술에 취한 남편이 이유 없이 나를 구타하고 나간 후 내가 부엌으로 내려가다가 연탄불 위에 넘어져 정신을 잃었어요. 2~3시간 지났을까, 남편이 돌아왔을 때 내 한쪽 무릎이 연탄불 위에서 타고 있었대요."

그 후 아주머니는 제대로 된 치료도 받지 못한 채 화상 입은 다리에 힘줄과 타다 남은 근육이 조금 연결된 상태로 집에서 관리하며 버텨왔다.

"병원에 갈 돈도 없고, 가봐야 고치지도 못할 텐데 집에서 치료하는 데까지 하다가 죽게 되면 그만이지요."

이렇게 말하면서도 아주머니는 중간중간 통증에 못 이겨 비명을 질렀다. 조금만 움직여도 전신으로 통증이 옮겨가는 상황이었다. 김영자는 정형외과 전문의와 의논한 끝에, 근본적인 치료를 위해서는 다리를 절단하고 의족을 끼우는 것이 최선임을 아주머니에게 알렸다. 하지만 아주머니는 "다리를 절단한 병신으로 사느니 차라리 죽는 게 낫다"며 한사코 거부했다.

김영자는 당장이라도 환자가 수술받길 바랐지만, 의료인이 보기에 최선의 방법이라도 환자 자신이 거부한다면 스스로 결정할 때까지 기다려줘야 한다고 생각했다. 그래서 아주머니의 변화를 기다리던 1년 반 동안 수술에 대해서는 더 이상 언급하지 않았다.

그러던 어느 날 아주머니가 가톨릭 예비자교리를 준비하고 싶다는 말에 이어 수술 의사를 비쳤다. 아주머니는 여러 은인들의 도움으로 마침내 오른쪽 다리 무릎 위를 절단하는 수술을 받았다. 안타깝게도 의족을 만들어 끼울 시기를 놓쳐 혼자 밖에 나가는 일은 불가능해졌다.

하느님의 더 큰 뜻이었을까. 술을 좋아하고 행패를 부리던 남편이 아주머니와 함께 가톨릭 세례를 받더니 새 사람이 된 것이다. 불구의 몸이 된 아내를 극진히 사랑하며 위해준 덕분에, 아주머니는 전에 없이 표정이 밝아졌다.

"휠체어에 몸을 싣고 남편 따라 주일미사에 다녀오는 날이면 내가 이 세상에서 제일 행복한 사람 같아요."

그런 아주머니 눈에는 독신으로 사는 김영자가 안돼 보였던 모양이다. 그래서 이렇게 말하곤 했다.

"하느님 사업도 좋지만, 따뜻한 남편 품에 안겨보지도 못하고, 아이 하나 낳아 품어보지도 못했으니 쯧쯧… 불쌍한 아줌마."

김영자는 자신을 '불쌍한 아줌마'라고 부르는 아주머니 덕분에 스스로 삶을 돌아보았다고 한다.

"남편도 자식도 없이 사는 것은 더 큰 행복을 위해서인데, 아주머니의 말처럼 '불쌍한 아줌마'가 되지 않으려면 더욱 기쁘게 살아야겠다고 다짐했어요. 가난한 이의 배고픔을 알아주고, 슬

퍼하는 이웃과 함께 울며, 고통 받는 형제의 아픔을 나누면서 이 세상에 하느님의 정의가 이루어지도록. 혼자라면 힘들었겠지만 전진상 공동체 덕분에 '행복한 아줌마'로서 살 수 있었습니다."

식도가
녹아버린
아이

1975년 전진상 약국을 열고 얼마 지나지 않아서의 일이다. 어느 날 중년 아주머니가 헐레벌떡 약국 안으로 들어섰다. 그 곁에는 앙상한 몰골의 어린 아들이 그녀의 손을 꼭 잡고 서 있었다.

그 아주머니가 아들 P군 때문에 링거를 자주 사러 가던 동네 약국의 약사가 P군 모자의 딱한 사연을 듣고는 시흥동의 전진상 약국을 추천했다고 한다. 그들 모자는 지푸라기라도 잡는 심정으로 전진상 약국을 찾았던 것이다.

P군의 어머니는 여섯 식구의 생계를 위해 공장에서 종이우산 만드는 일을 했다. 당시에는 우산을 만들 때 종이에 빗물이 스며들지 않도록 양잿물을 도포했는데, 엄마를 따라나온 네 살짜리 P군이 먹는 물인 줄 알고 마셔버린 것이다. 가난 때문에 병원 치료는 엄

두도 내지 못했다. 양잿물에 녹아서 실만큼 남은 식도로 겨우 물이나 넘기는 어린 아들에게 어머니가 해줄 수 있는 일이라곤 가끔 영양제를 놔주는 게 전부였다.

그러던 어느 날 한 점쟁이가 "서울 남서쪽으로 이사를 가면 아이를 살릴 수 있다"고 해서 청량리에서 시흥동 근처 광명까지 이사를 왔다고 한다. 어찌 보면 참 용한 점쟁이였다. P군을 살리기 위해 전진상 약국뿐만 아니라 시흥 전진상 공동체 전체가 나섰으니 말이다.

당시 간호사였던 배현정이 보기에도 P군처럼 깡마른 아이는 처음이었다. 아이의 목숨이 붙어 있는 게 기적 같았다. 마침 전진상 의원 일을 도와주던 프랑스인 의사에게 P군의 상태를 보여주고 상담한 결과, 작은 희망이 비쳤다. 프랑스에서는 아이를 살릴 방법이 있다면서 위를 뚫고 호스를 끼워 영양 상태를 호전시킨 후 수술하는 방식을 알려주었다.

배현정은 희망의 끈을 놓지 않았다. 국내에서도 그런 방식으로 P군을 치료할 수 있는 곳을 찾아 뛰어다녔다. 다행히 가톨릭대 서울성모병원에서 치료를 맡아주었다. 호스를 통해 하루에 네 번 음식물을 투여했고, P군은 호스를 낀 채 학교에 갈 정도로 상태가 나아졌다. 배현정은 살이 통통히 오른 아이를 보며 "참 예뻐졌다"고 흐뭇해했다.

2년 반을 치료하자 P군의 몸무게는 20킬로그램이 되어 큰 수술이 가능해졌다. 그 후 열한 살 소년은 감당하기 힘든 수술을 연이어 받았다. 장기를 이어 식도처럼 사용하도록 식도 이식수술을 받았으나 막히는 일이 반복되었기 때문이다. 또 이어진 장기가 식도 역할을 할 수 있도록 1주일에 세 번씩 넓혀주는 치료도 병행해야 했다. 그렇게 힘든 과정이 2년간 지속되었고 P군은 잘 이겨냈다. 처음으로 P군이 음식물을 '입'으로 넘기던 순간 배현정은 감격의 눈물을 흘렸다.

하지만 문제는 거기서 그치지 않았다. P군은 너무 오랫동안 지속된 영양실조 때문에 키가 자라지 않아 그 치료 대책도 세워야 했다. 열여섯 살 되던 해에도 키가 131센티미터에 불과했다. 이번에는 서울대병원에서 1년간 호르몬 주사를 놔준 덕분에 웬만큼 자랄 수 있었다.

앞서 P군이 수술의 고통을 이겨내는 동안에도 불운은 그의 곁을 떠나지 않았다. P군이 열네 살 되던 해 어머니는 위암으로 사망하고, 이듬해 아버지마저 간암으로 사망했다. P군의 아버지는 이렇게 말하며 모든 치료를 거부했다.

"암은 고칠 수도 없는 병인데, 병원 치료를 받으면 전셋돈만 없어져서 어린 4남매가 길에 나앉게 된다."

그리고 베개 밑에 500만 원짜리 전셋방 계약서 한 장을 남겨 놓은 채 세상을 떴다.

P군은 4남매 중 막내로, 누나와 두 명의 형이 있었다. 누나가

출가한 후 3형제는 독립해서 생활하기에 막막한 상태였다. P군 가족을 지켜보던 전진상 식구들은 거주 공간으로 쓰던 흙벽 집 한 칸을 3형제에게 내주어 살게 했다. 다행히 P군의 큰형은 매우 긍정적인 성격의 소유자로, 가난 속에서도 착실하게 생활하며 동생들을 키워냈다. 큰형의 아내도 심성이 착한 사람이어서 시동생인 P군을 친동생처럼 잘 돌봐주었다.

P군 가족은 "아버지의 유산을 헛되이 쓰지 않겠다"며 허리띠를 졸라맸다. 아버지가 남겨준 전세 보증금 500만 원에 그동안 저축한 돈을 합쳐 시골에 땅을 조금 마련한 뒤 농사짓고 살겠다며 떠났다. 몇 년 후 P군의 큰형은 전진상 식구들을 자신들의 보금자리로 초대했다. 옆으로는 솔밭을 끼고 앞쪽으로는 아기자기한 동산이 보이는 곳, 그 언덕 위에 벽돌집을 짓고 행복하게 사는 P군 가족의 모습을 보며 전진상 식구들도 미소를 머금었다.

P군의 불운도 이제는 끝났으면 좋으련만, 어느 날 갑자기 P군의 큰형이 전화를 걸어 울부짖었다.

"제 동생 좀 살려주세요!"

이번에는 뺑소니 교통사고였다. P군은 전진상 의원·복지관의 도움으로 가톨릭대 여의도성모병원에서 치료를 받아 목숨은 건졌지만, 그 후유증이 남았다. 지금도 건강을 완전히 회복하지는 못했으나 큰형 부부 덕분에 어려움 없이 지내고 있다.

P군과 큰형네 가족은 해마다 어버이날이면 전진상 의원·복지

1970년대 말 시흥동 산동네 판자촌.

관을 찾는다. 그들의 손에는 직접 농사지은 과일과 달걀, 그리고 전진상 식구들에게 달아줄 카네이션이 들려 있다. P군 형제들에게 전진상 식구들은 부모 같은 존재였고, 전진상 식구들도 그들을 '우리 아들들'이라고 부른다. 몇 년 전 그 맏아들에게 자녀가 태어나자 전진상 식구들은 처음 듣는 '할머니'란 호칭과 함께 또 다른 행복을 맛보았다.

전진상 식구들의 사랑은 기구한 운명 속에서 한 소년, 아니 한 가족의 삶과 미래를 구해냈다.

리어카는 1970~1980년대 당시
유용한 이동 수단이었다.

환자를
업고
뛰어라

　전진상 의원·복지관이 문을 열고 2년째 되던 1977년, 시흥동 산동네에 뜻밖의 참사가 벌어졌다.

　시흥 전진상 공동체의 주요 활동 지역은 호암산 중턱의 계곡을 따라 형성된 판자촌이었다. 산동네 주민들 중에는 서울 도심에서 밀려난 철거민뿐만 아니라 수재민도 상당수 포함되어 있다. 성동구, 성북구, 종로구 등 저지대에서 침수 피해를 입은 이들에게 서울시가 1960년대 말부터 1970년대 초까지 산동네 땅을 8평씩 분양해 주었기 때문이다. 그렇게 침수를 피해 고지대로 옮겨왔건만 이번에는 산사태가 덮쳤다.

　1977년 7월 8일 밤 서울 서부 지역과 안양 일대에 3시간 동안 무려 400밀리미터의 물 폭탄이 쏟아져 엄청난 인명 피해와 재산 피해를 입혔다. 특히 호암산 중턱이 무너져 내리며 시흥 2동 산

89~91번지 일대의 계곡을 덮쳐 사망 38명, 실종 26명, 100여 채의 집을 휩쓸었다.*

산사태가 난 다음날 이른 새벽, 누군가 전진상 식구들의 집 대문을 두드리며 외쳤다.

"선생님, 우리는 살았어요! 집이 무너졌는데도 살았어요!"

이 아주머니는 그래도 운이 좋은 편이었다. 날이 밝자마자 돌아본 피해 현장은 몹시 참담했다. 바로 어제까지 정다운 얘기를 나누던 동네 주민이, 또 두 눈을 반짝이던 아이들과 그들의 소중한 보금자리가 탁류에 쓸려가 버린 것이다. 산사태로 물길마저 바뀌어 누군가의 집 안방에는 흙더미가 들어차고, 부서진 집 주변에는 주인 잃은 신발이며 가재도구가 나뒹굴었다.

흙더미 아래 깔린 실종자들을 찾기 위해 한 달간 구조가 이어졌고, 전진상 식구들은 끔찍한 시신을 보고 온 날이면 밥을 넘기기도 힘들었다. 복구 작업을 위해 군인과 예비군이 동원되고 자원봉사자들까지 나섰지만 일손이 부족했다. 간혹 구호품이라고 보내온 상자 안에는 한여름이라 입지도 못할 두터운 겨울옷만 들어 있어서 안타까움을 더했다.

서울시는 피해 주민들에게 자진 철거 조건으로 임대 아파트 우선 입주권 등을 주었다. 그러나 옮겨갈 형편이 되는 이들은 극

---

* 〈삽시간에 숱한 인명 삼킨 공포의 물벼락〉,《경향신문》(1977. 7. 9), 〈흔적 없는 백여 채… 빈터에 앉아 한숨만〉,《동아일보》(1977. 7. 11) 참고.

히 일부에 불과했다. 나머지 주민들은 바로 그 옆에 또다시 불법 판잣집을 짓고 삶을 이어갈 수밖에 없었다.

배현정의 머릿속에 가장 극적인 사건의 주인공으로 남아 있는 K양을 만나던 날도 비가 내렸다. 그날 배현정과 유송자는 평상시처럼 산동네에 올랐다. 비만 오면 심란해지던 동네, 병마가 가난과 함께 퍼져나가던 동네. 이사 가는 일조차 사치였던 이들은 여전히 계곡 근처에 수상가옥을 짓고 살았다. 산에서 내려오는 도랑과 하수도가 합쳐지는 물 위에 나무 받침을 얼기설기 얹고 판자로 지은 집. 그 근처를 지나는데 다급한 목소리가 들려왔다.

"이리 좀 와보라! 죽게 생겼다!"

배현정과 유송자는 주민이 가리키는 집을 향해 잰걸음을 옮겼다. 겉에서만 봐도 무언가 불길한 예감이 엄습했다. 찌그러진 문을 열고 들어서니 집 안은 이미 만성 폐결핵 환자인 아버지의 기운만으로도 충분히 가라앉아 있었다. 하지만 더 급한 환자는 아버지가 아닌 딸 K양. 그녀는 이미 죽음에 다가선 듯 창백한 얼굴로 숨을 몰아쉬었다.

배현정은 전진상 의원으로 급히 돌아와, 자원봉사를 오던 외부 의사에게 도움을 청했다. 의사는 "환자의 심장이 오른쪽에서 뛴다"는 배현정의 말을 전해 듣더니 빨리 큰 병원으로 옮기라고 조언했다. 배현정은 알고 지내던 국립의료원의 황경숙 간호사에게 전화를 걸어 대기해 달라고 부탁했다.

배현정은 택시를 잡아 산동네 언덕에 세워둔 채 K양의 집으로 가서 그녀를 업고 나왔다. 아니, 그런데… 힘겹게 내려오는 모습을 본 택시 기사가 차를 돌려 내빼는 것이 아닌가. 너무 당황스럽고 원망스러웠다. 하지만 더 이상 머뭇거릴 수 없었다. 배현정은 K양을 들쳐업고 단숨에 산동네를 뛰어 내려왔다. 하늘에서 쏟아지는 빗줄기와 배현정의 눈물, 땀이 뒤범벅되었다.

괴력을 발휘해 전진상 약국에 도착한 배현정은 환자를 눕히자마자 땅바닥에 주저앉고 말았다. 마침 약국에서 그 모습을 지켜본 손님이 자신의 차로 병원까지 데려다주겠다고 나섰다. 다시 희망의 불씨가 살아났다.

국립의료원 응급실에 도착하자, 대기 중이던 황경숙 간호사의 안내로 흉부내과 김재원 선생에게 진료를 받을 수 있었다. 잠시 후 K양의 가슴 엑스레이를 본 김재원 선생은 경악을 금치 못했다. 필름이 온통 하얬기 때문이다. 폐가 고름으로 가득 차서 심장도 보이지 않을 정도였다. "심장이 오른쪽에서 뛴다"고 했던 것은 고름에 장기들이 밀려나 심장마저 오른쪽으로 쏠려 있었던 탓이다.

어서 빨리 고름부터 빼내야 했다. 김재원 선생이 바늘로 해당 부위를 찌르자 고약한 냄새가 병실 가득 퍼졌다. 문을 열어도 소용없을 만큼 역한 냄새는 환자의 곁에 한동안 머물다 창밖으로

배현정이 교황대사
(도세나 대주교) 일행과
함께 시흥동 산사태
지역을 돌아보고 있다
(1977년).

빠져나갔다. 동시에 죽음의 그림자도 멀어져갔다.

K양은 김재원 선생의 정성 어린 치료 덕분에 몇 년 후 완치되었고 지금은 결혼하여 행복하게 살고 있다. 자신의 친자녀뿐만 아니라 입양한 아이도 키운다는 K양, 은혜를 또 다른 은혜로 갚은 그녀 주변에서 더 이상 불운은 서성이지 못하리라.

2009년 어느 날, 김재원 선생이 우연히 TV를 보다가 아산상 대상을 수상한 배현정 원장을 발견했다. 김재원 선생은 반가운 마음에 전진상 의원까지 직접 찾아와 추억을 더듬었다.

"희망이 없는 환자였지만, 벽안(碧眼)의 외국인이 보여준 박애정신이 고마워서 나도 최선을 다해 치료했다."

김재원 선생의 얘기를 듣던 배현정도 비화를 털어놓았다. 그때 산동네에서 K양을 업고 내려온 후 근무력 상태가 되어 1주일간 젓가락질도 못 할 만큼 손이 떨렸다는 것. 노년의 두 의사는 손을 맞잡고 미소 지었다.

골목
유치원에서
지역아동센터까지

전진상 의원·복지관의 일관된 목표는 그때나 지금이나 통합된 '의료 사회복지'를 실현하는 것이다. 초기부터 무료 진료와 가정방문을 실시하며 '의료' 문제는 조금씩 해결의 실마리가 보였지만, '사회복지' 면에서는 갈 길이 멀었다. 그중에서도 거리에 나와 있는 아이들의 교육 문제가 심각했다.

어느 날 배현정이 시흥동 산동네로 가정방문을 나갔는데, 골목 한 귀퉁이가 왁자지껄했다. 동네 아이들이 한 아이를 둘러싼 채 "도둑놈"이라 욕하며 때리고 있었다. 배현정은 때리던 아이들을 쫓은 다음, 도둑질한 아이의 집으로 향했다. 부모를 만나 다시는 그런 일 없게 해달라고 당부 겸 훈계를 할 작정이었다. 하지만 그 집에 도착한 순간 계획이 어긋나기 시작했다.

산꼭대기에 있던 아이의 집에서는 대낮부터 소주병이 나뒹굴고 어두컴컴한 방 안에서는 아버지로 추정되는 남자가 술에 취해 고래고래 소리를 지르고 있었다. 배현정은 훈계는커녕 공포에 질려 얼른 그 집을 벗어나고 말았다.

비단 그 집만의 문제가 아니었다. 산동네 아이들은 많은 경우 제대로 된 교육은 고사하고 각종 위험과 질병 앞에 무방비로 노출되어 있었다. 유치원이나 학교에 가지 못한 아이들이 거리로 나와 몰려다니다 보니 싸움도 잦았다. 전진상 식구들은 방치된 아이들을 구하기 위해 무언가 하지 않으면 안 되었다. 가장 큰 고민거리는 아이들을 위한 공간을 마련하는 일이었다.

그러던 어느 날, 한 아이의 어머니가 반가운 제안을 해왔다.

"자녀가 둘 있는데, 초등학교 들어가기 전에 유치원이 뭔지 경험을 시켜주고 싶어요. 우리 집 안방을 내놓을게요."

1977년 7월, 전진상 유치원은 이렇게 산동네 주민의 셋방 한 칸을 빌려 시작되었다. 영세민과 맞벌이 자녀를 대상으로 한 무료 유치원으로 간식은 학부모들이 돌아가며 만들었고, 원아 교육은 까리따스수녀회와 성 빈센트드뽈 자비의 수녀회에서 맡아주었다. 첫 해에는 '골목 유치원'이란 별칭에 걸맞게, 35명의 원아가 거리에 나와 졸업식을 올렸다.

그로부터 9년 뒤인 1986년, 미니 2층집 뒤편의 작은 농가를 사들여 유치원으로 꾸미고 이전했다. 그동안 산동네 방 한 칸에서 복닥거리던 아이들에게는 전진상 의원·복지관의 좁은 마당조

1970년대 시흥동 산동네 어린이들.

초창기 전진상 골목 유치원.

골목 유치원의 전통을 이어가는 지역아동센터.

차 넓은 운동장으로 느껴졌는지, 아침 9시도 되기 전부터 모여서 뜀박질을 했다.

1990년 3월, 현재의 전진상 의원·복지관 건물이 새로 지어진 뒤에는 무료 공부방도 개설하여 유치원 졸업생들 중 도움이 필요한 아이들에게 교육의 기회를 제공했다. 이듬해인 1991년 7월에는 전진상 유치원을 '아동복지시설'로 정식 신고하여 더욱 체계적인 교육을 실시하게 되었다. 2005년 12월 공부방이 '지역아동센터' 인준을 받은 후 서울시에서 금천구청을 통해 학생들의 교육 활동비를 지원해 주고 있다.

당시 전진상 유치원에 자녀를 맡겼던 한 어머니는 다음과 같은 소감을 남겼다(소식지《전·진·상》1991년 12월호 참고).

큰아이가 여섯 살. 여러 유치원 문을 두드렸다. 썩 내키지 않는다. 원비가 적으면 시설이 엉망이고 시설이 좋으면 원비가 부담 되고. 옆집 아주머니 소개로 전진상을 알게 되었다. 원비는 한 달에 1만 원. 전부 아이들의 간식비다. 1주일 식단을 보면 어느 일류 호텔보다도 다양하다. 엄마들의 치맛바람도 전혀 없다.

유치원의 주목적은 전인 교육. 그러나 요즘은 누가 글씨 한 자 더 가르치나, 셈은 어느 유치원에서 잘 가르치나 경쟁한다. 우리 전진상 유치원은 그렇지 않다. '온전한 봉헌, 참된 사랑,

항상 기쁨'의 정신을 전한다고 한다. 내 아이 아직 '가나다'도, 숫자에 대한 개념도 없다. 아무래도 좋다. 유치원에서 배운 대로 건강하고 어른 공경할 줄 알고 친구하고 사이좋게, 동생도 사랑할 줄 아는 아이로 키우고 싶다.

자신의 셋방을 선뜻 내어준 한 어머니의 호의로 시작된 골목 유치원은 1986년 독립 공간으로 이전한 후 2010년까지 운영되며 지역 주민들에게 큰 기쁨을 선사했다. 그리고 이제는 지역아동센터가 그 전통을 이어받아 인성교육, 정서적 안정, 학습지도, 다양한 문화 체험, 또래와의 어울림, 지역사회 연계 프로그램 등을 운영함으로써 교육 및 복지 사각지대가 생기지 않도록 세심하게 돌보고 있다.

가난 때문에
입양 보내야 하는
마음

     지독한 가난 때문에 자신의 아이를 보육원 앞에 버리고 도망가는 엄마. 얼마 전 큰 인기를 모은 TV 드라마에 등장한 장면이다. 그런데 이처럼 비현실적인 일이 1970년대 시흥동 산동네에서는 실제 상황으로 벌어졌다.

  시흥 전진상 초창기에 30대 후반의 젊은 여인이 아기를 안고 다급히 전진상 약국을 찾아왔다. 가난한 그 여인은 이른바 개구멍받이라 하여, 넉넉해 보이는 집 앞에 아기를 놓아두고 멀리서 지켜보았는데 한참이 지나도 그 집에서 기척이 없더란다. 아기를 안아보니 추위에 떨며 새파랗게 질려 있어 덜컥 겁이 나서 약국으로 뛰어왔다는 것이다. 마침 토요일이라 전진상 무료 진료소에 봉사 나온 의사가 응급처치를 해준 덕분에 아기는 살 수 있었다.

그보다 더 직접적으로 입양을 요청한 예도 있다. 1976년 7월, 그날도 배현정과 유송자는 산동네에 올라 도움이 필요한 집들을 돌아보았다. 특별히 얼마 전 아기를 낳은 B씨 집도 방문하기로 했다. 태어난 아기에 대한 축복도 잠시, 두 사람은 큰 충격을 받았다. 아기 엄마가 자신은 아기를 키울 수 없으니 입양을 주선해 달라는 게 아닌가. 남편은 교도소에 들어가 있고, 위로 있는 아이들조차 먹여 살리기 힘든 처지에 어린것까지 가난 속에서 키우고 싶지 않다는 얘기였다. 배현정과 유송자는 무거운 마음으로 돌아와, 그 가정을 어떻게 도울지 고민했다.

며칠 후인 7월 21일은 벨기에 독립기념일이었다. 벨기에 대사관의 초대를 받은 배현정은 마침 그곳에서 벨기에 구호단체인 앙팡뒤몽드(Enfants du Monde) 사람들을 만났다. 앙팡뒤몽드는 세계 최빈국의 어린이와 어머니에게 보건 서비스를 제공할 목적으로 1968년 설립된 단체였다. 최빈국 어린이들의 입양도 주선했지만, 1대1로 가정을 연결하여 아이들이 본국을 떠나지 않고 부모 곁에서 자랄 수 있도록 돕는 역할도 했다. 배현정은 B씨의 사연을 털어놓고 도움을 청했다. 단체 사람들은 "내일 벨기에로 돌아가서 도울 방법을 마련하겠다"고 약속했다.

배현정과 유송자는 마음이 급해졌다. 바로 다음날이 입양 기관에 아기를 보내기로 약속한 날이었기 때문이다. 두 사람은 이튿날 새벽같이 B씨의 집을 찾아가 설득했다. 아기를 입양 보내지 않고 엄마 품에서 자랄 수 있도록 돕겠다는 말에 B씨는 눈물 흘리며 고마워했다. 전진상 식구들의 간절한 노력이 한 모녀의 생이별을 막아낸 것이다.

아름다운 인연은 오랜 세월 뒤 다시금 이어졌다. 2009년 B씨의 딸 M양이 뉴스에서 아산상 대상을 수상한 배현정 원장을 본 것.

"아직 저 선생님들이 그대로 계시나 봐요!"

M양은 반가운 마음에 가족들을 데리고 전진상 의원·복지관으로 찾아왔다. 당시 M양은 앙팡뒤몽드의 후원으로 고등학교까지 무사히 졸업한 뒤 천안으로 내려가 다복한 가정을 꾸린 상태였다. 그리고 식당을 운영하며 가난에서도 벗어나 있었다. M양은 어렸을 때의 고마움을 잊지 않고 전진상 식구들을 자신의 식당으로 초대하여 대접했다.

M양처럼 시흥 전진상 공동체를 통해 앙팡뒤몽드의 후원을 받은 대상은 연인원 500여 명에 달했다. 배현정이 갖고 있는 낡은 공책에는 누가 누구에게 얼마를 후원했고, 어떻게 전달했는지 하나하나가 프랑스어로 빽빽하게 적혀 있다. 앞서 언급한 에피소드의 주인공들, 즉 온몸에 고름이 차 있던 K양, 양잿물을 마시고 식도가 녹아버린 P군 등도 앙팡뒤몽드의 후원을 받았다.

앙팡뒤몽드를 비롯하여 오스트리아 가톨릭 부인회, 독일의 구호단체 미제레오르(MISEREOR), 벨기에의 드돌로도트(de Dorlodot) 등 해외 원조 단체들과 개인들이 전진상 의원·복지관

해외에서 후원받은 내역과 관련된
배현정의 공책과 편지.
[사진·김지연]

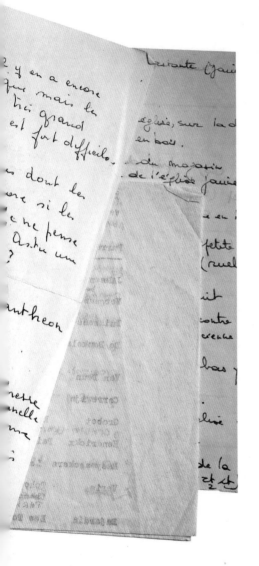

이 시작될 무렵부터 10여 년
간 큰 도움을 주었다. 하지만
서울이 1988년 올림픽 개최
지로 선정되면서 시흥 전진상
공동체는 경제적 어려움에 부
딪힌다. 해외 원조가 많이 끊
어졌기 때문. 그 이유는 다음
과 같았다.

"올림픽을 유치할 정도로 잘
사는데 왜 해외 원조를 받아야
하는가. 우리는 더 어려운 나
라를 도와야 하니, 한국은 자
체 해결하라."

88서울올림픽을 계기로 대
한민국의 위상이 높아지고 경
제 형편도 그전보다 나아진 것
은 사실이다. 그러나 최빈곤층
에게 드리운 그림자는 그대로
였다. 산동네의 가난은 대물림
되었고, 상대적으로 여유 있는
이들이라 해도 자신보다 어려

운 이웃을 돌아볼 만큼 사회 분위기가 성숙되어 있지 못했다. 그래도 다행히 몇몇 국내 기관과 가정을 중심으로 장학사업과 후원회의 싹이 트기 시작했다.

배현정은 요즘도 강의를 나가면 그때의 기억을 떠올리며 힘주어 말한다.

"전쟁으로 최빈국 상태였던 대한민국이 이렇게 잘살게 된 것은 대단합니다. 국민들이 부지런하고, 가난을 극복하고자 하는 의지가 강해서 가능했다고 봅니다. 이제는 우리의 도움이 필요한 곳을 바라봐야 합니다. 꼭 그래야 합니다."

1980년대 후반부터
본격적으로 시흥동 판자촌 철거가
이루어졌다.

국내 후원,
마음에서
마음으로

　　요즘과 달리 높은 출산율이 고민이던 시절, 그 당시에는 영아사망률 또한 매우 높았다. 시흥동 산동네에는 이런저런 이유로 출생신고조차 안 된 아이들이 가끔 있었다. 그런 아이들은 노동력 착취의 대상이 되기도 했는데, 특히 사회복지학을 전공한 유송자는 산동네를 다니다가 복지 사각지대에 놓인 아이들을 자주 목격했다. 반지하 가내수공업 공장에서 자그만 부품을 끼운다든지 하는 작업은 아이들의 몫이었다. 학교는커녕 햇빛조차 들지 않는 곳에서 가난의 굴레를 쓰고 살아가는 아이들을 보면 가슴이 무너져 내렸다.

　　그런가 하면 아픈 아이를 방치하는 경우도 흔했다. 1980년대 초반, 아버지는 맹인이고 어머니 혼자 5남매(4남 1녀)를 근근이 먹여 살리던 집을 방문했을 때의 일이다. 그 집에는 척추결핵을 앓아 등이 굽은 어린 딸이 살고 있었다. 사연인즉 그 딸이 몇 년 전 결핵에 감염되어 목숨이 위태로워지자, 병든 딸을 치료할 방법이 없으니 죽으라고 윗목에 밀어놓았다고 한다. 그랬던 아이가 살아서 이번에는 척추결핵까지 앓게 된 것이다. 유송자는 큰 충격을 받았다. 그리하여 전진상 식구들과 의논하며 지원책을 찾아나섰다.

해외 원조도 점점 줄어들고 있는 시점에서 어떻게 할 것인가. 국내 후원이 절실했다. 이에 시흥 전진상 공동체는 국내 후원회를 결성하기로 한다. 우선 유송자는 양재동성당의 수녀인 친언니의 소개로 양재동성당 사목위원 약 30명으로 구성된 후원회를 조직했다. 1986년 2월, 정식으로 '전진상 복지관 돕기회'가 발족되었고 본당마다 후원회를 조직해 2000년도에는 1천 명이 넘는 후원자를 모았다.

김수환 추기경이 후원회 1번 회원으로 힘을 보탰고, 최소희의 동생 최휘인 신부는 2번 회원이 된 동시에 최정숙 씨를 소개해 주어 국내 후원회를 활성화시켰다. 최정숙 씨는 1960년대 국가대표 출신의 탁구 선수로, 사람들을 이끌고 봉사 활동에 앞장설 만큼 리더십이 뛰어났다. 30여 년이 지난 오늘날에도 후원회 명예회장이자 시흥 전진상 공동체 준회원으로서 활동 중이다.

또한 해외 원조 자체는 줄었지만 서울국제여성협회(SIWA), 호주·뉴질랜드친선협회(ANZA) 등 국내 거주 외국인 단체의 후원은 이어져서 오늘날까지 전진상 의원·복지관에 많은 도움을 주고 있다.

전진상 복지관은 국내 후원회와 별도로 국내 장학사업도 펼쳐 왔다. 그 시작은 후원회보다 2년 빠른 1984년. 당시 호남정유에 다니던 회사원 김재만 씨가 찾아와 학생 네 명분의 장학금을 기부했다.

개인이 시작한 장학사업에 동료 직원들까지 동참하면서 규모가 점점 커졌다. 호남정유에서 LG정유를 거쳐 GS칼텍스 장학회로 명칭이 바뀐 지금은 직원들의 기부금만큼 기업에서도 후원금을 내는 매칭그랜트 방식으로 이루어지고 있다. 2019년 현재 장학금을 받는 학생들은 50~60명 정도 되는데, 그중 30여 명이 GS칼텍스 장학회의 도움을 받는다. GS칼텍스 장학회 회원들은 장학금 외에도 공부방 학생들에게 문화 체험을 시켜주고, 김장철에는 김장 재료 제공은 물론 직접 김장 봉사까지 해주고 있다.

그렇게 시작된 국내 후원과 장학사업은 앞서 언급한 척추결핵 환자 가정에도 희망을 선사했다. 척추결핵을 앓던 어린 딸에게는 모든 치료가 끝날 때까지 결핵 약을 제공해 주었고, 그 아이의 오빠와 동생들에게는 고등학교를 졸업할 때까지 학비 전액을 대주었다. 덕분에 '윗목에 이불로 덮여 있던' 희망이 제자리를 찾을 수 있었다.

전진상 의원·복지관의 후원자들은 어려운 이웃에게 희망을

장학생의 편지

To. 고마운 분께

안녕하세요? 요즘 되게 쌀쌀하고 추운데 힘드실 거 같아요. 도와주신 덕에 저랑 할머니는 전보다 맛있는 것도 조금씩 먹으면서 살고 있어요. 아직도 아등바등, 돈 때문에, 살림이 부족해서 가끔은 할머니랑 의견 차도 생겨 싸우지만, 그전보단 훨씬 나아진 거 같아요.

예전엔 너무 힘들어서 '내가 밥을 굶으면 한 2~3천 원 정도 아껴지지 않을까?' 생각하며 밥도 자주 굶고, 다른 애들이 부러워서 집에 오면 혼자 조용히 울기도 했어요. 지금도 뭐 다른 애들이 부럽지만 밥을 굶을 정도로 힘들진 않아서 좋아요. 물론 이렇게 도움을 주셔서 더 그런 거 같아요.

하지만 가끔은 '나는 베푼 것도 없는데 이렇게 나눔을 받으면 내가 너무 나쁜 사람이지 않을까?'라는 생각도 해요. 그렇다고 도움을 받지 않으면 아무것도 못하는 저 때문에 너무 슬프기도 하고요. 저는 이렇게 도움을 받아서 할머니랑 행복하게 살고 싶어요. 공부도 열심히 해서, 나중에 저도 받은 그 이상으로 베풀고 싶어요. 제가 만약 도움을 받지 않았더라면, 이런 생각은 하지 못했을 거예요. 도움 주셔서 감사합니다!

요즘 저는 기말고사 기간이라 열심히 시험 준비를 하고 있어요. 덕분에 예전보다 덜 힘들게, 더 나은 환경에서 준비하고 있어요. 정말로 감사드립니다!! 앞으로도 더 열심히 할게요. 이렇게 말랐던 제 인생에 물을 주셔서 감사드리고, 항상 좋은 일만 생기시고 건강하세요. 감사합니다!!!

2019년 11월 30일  올림

전하는 일이 아주 소소한 노력으로도 가능하다는 것을 몸소 보여준다. 특히 초창기에는 넉넉지 않은 살림을 쪼개어 후원하는 이들이 많았는데, 어떤 가정에서는 가족회의를 거쳐 집전화보다 저렴한 공중전화를 쓰고 절약한 돈을 모아 후원하기도 했다.

또 장학금 후원자 중에는 남편 회사에서 나오는 자녀 학자금을 다른 아이들을 위해 내놓은 이도 있다. 그 후원자는 자녀가 모두 성장한 지금도 매년 10여 명의 학생들에게 지급할 수 있는 장학금을 후원하고 있다.

유송자는 자신도 예전에 본당마다 신축비를 모금하러 다니며 수혜자 입장이 되어봤기 때문에, 장학금을 전달할 때 이렇게 다짐하곤 한다.

'수혜자가 떳떳할 수 있도록 하자. 도움 받는 것을 부끄러워하도록 만들지 말자.'

사실 전진상 장학금 후원자들 중에는 1대1로 수혜 학생을 만나고 싶어 하는 사람도 있으나 직접 연결해 주지는 않는다. 그 대신 연말이면 장학금이 어떤 학생에게 전달돼 어떻게 쓰이는지, 장학생의 환경과 상황 등을 일일이 차트로 만들어 후원자들에게 보내준다. 어찌 보면 일이 더 늘어나는 셈이지만, 그 수고를 감수하는 이유는 장학금 수혜자들을 조금이라도 불편하게 만들고 싶지 않아서다.

아울러 시흥 전진상 공동체에서는 후원해 주는 은인들을 기억하고자 전진상 기도실에서 '후원회 가족 월례미사'를 정기적으로 봉헌하고 있다. 그리고 1987년부터는 매년 5월 서울대교구 주교님과 사회복지회 책임신부를 모시고, 전진상 큰 가족을 모두 초대하는 '후원자 가족미사'를 마당에서 봉헌한 후 참석자들과 다과를 나눈다.

5월 후원자 가족미사를 집전하는
유경촌 주교(2018년).

상주
의사가
필요하다

　　1980년대 들어 우리 사회는 흑백에서 컬러로 바뀐 TV가 상징하듯 다채로운 변화를 겪는다. 새로 집권한 군사정권은 국민들의 민주화를 향한 관심을 다른 데로 돌리려는 듯 각종 스포츠 이슈를 만들어냈고, 그중에서도 88서울올림픽 유치는 시흥동 산동네 주민들의 삶까지 흔들어놓았다. 나라 잔치를 여는데 미관상 보기 흉하다는 이유로 도심 재개발이 가속화되면서, 시흥동 판자촌에도 철거 바람이 불었기 때문이다.

　　한편 전진상 의원·복지관은 10년이란 세월을 거치는 동안 지역사회에 더욱 깊게 뿌리내렸다. 가정방문을 통해 의료와 복지 사각지대에 놓인 주민들의 삶을 치유해 나갔고, 산동네 주민이 내놓은 셋방에서 시작한 무료 유치원도 자리를 잡아갔으며, "올림픽을 유치할 정도로 잘사는 나라"여서 끊긴 해외 원조는 다행히 국내 후원으로 메워졌다. 그럼에도 여전히 아쉬운 점이 남아 있었다. 그것은 상주 의사가 없다는 사실이었다.

가난한 산동네에서 하루가 멀다 하고 위급 환자가 발생하다 보니 아무래도 주말에만 방문하는 외부 의사로는 역부족이었다. 어느 날 김중호 신부가 전진상 식구들을 모아놓고 말했다.

"장기적으로 일을 해나가기 위해서는 공동체 안에 의사가 있어야 한다. 누구 한 사람 의사가 되면 좋겠다."

뜻밖의 제안에 전진상 식구들은 서로 얼굴만 쳐다보았다. 물론 다들 상주 의사의 필요성에는 공감했지만, 가장 나이가 어린 배현정도 벌써 30대 중반이 아니던가. 그러나 몇 년 후 김중호 신부의 말은 결실을 맺는다.

김중호 신부는 언제나 전진상 식구들에게 필요한 것이 무엇인지, 지치지 않고 계속하려면 어떤 것들이 충족되어야 하는지 잘 알고 있었으며 적절한 처방을 내려주었다. 일해야 할 때와 쉬어야 할 때를 알려준 것도 그였다.

"육체는 고단해도 회복하기 쉽지만, 정신이 지치면 회복하기 어렵다."

김중호 신부는 이렇게 말하며, 앞만 보고 달려가던 전진상 식구들에게 반강제로(?) 휴식을 선물하기도 했다. 특별한 유원지가 아니라도 좋았다. 전진상 식구들은 그저 개울가 나무 그늘에

모처럼 휴식 중인 전진상 식구들
(1977년).

신문지만 깔고 한숨 자고 와도 큰 위안을 얻었다. 조금 먼 곳으로 소풍 갈 때면 김중호 신부 아버지의 오래된 자동차가 동원되었다. 그 차는 너무 낡아서 자주 말썽을 일으켰는데, 한번은 천호대교 위에서 멈춰버렸다. 모두 내려서 밀어야 하는 상황. 마침 유송자가 필리핀에서 사온 알록달록한 옷을 세트로 맞춰 입었던 터라, 차를 밀면서 코믹 영화의 주인공들이 되어 깔깔거렸다.

김중호 신부는 사비를 털어, 자신의 부모가 무의촌에서 봉사하고 있던 일본과 중국 등지로 해외여행도 보내주었다. 가난한 이웃들과 더불어 살던 전진상 식구들 입장에서는 해외여행이 다소 과하게 느껴졌지만, 균형을 잡아주려는 김중호 신부의 깊은 뜻을 깨닫고는 그 '호사'를 감사히 누렸다. 전진상 식구들은 재충전한 에너지를 어려운 이웃들에게 오롯이 돌려주었다.

그렇게 '친정 오빠'처럼 믿음직한 김중호 신부가 "의사가 돼라"라는 제안을 해온 것이다. 언제까지 자원봉사 의사에게 의지할 수만은 없었고, 의사를 고용한다 해도 그 비용을 감당하기 힘든 상황이었다. 그렇다면 누가?

결론은 배현정 간호사였다. 배현정은 나중에 의사가 되고 나서 "어떻게 그 나이에, 더욱이 외국인이 한국에서 의사가 되었느냐, 대단하다"는 얘기를 들을 때마다 이렇게 답한다.

"우리 식구들 중 누구라도 의사가 될 수 있었어요. 다만 제가

뽑힌 이유는 국내 의대에 편입할 때 외국인 TO가 있었기 때문이죠. 사실 저는 공부를 아주 싫어해요."

김중호 신부는 배현정이 중앙대학교 의과대학 본과 면접을 보러 갈 때도 동행해 주었고, 이후 가톨릭대 부속병원에서 가정의학과 전문의 과정을 마칠 때까지 스승이자 선배로서 길을 안내해 주었다.

그럼에도 '공부를 싫어하는' 외국인 배현정이 한국에서 의사가 되는 과정은 험난했다.

"다행히 의대에 들어갔지만, 졸업은 정말 힘들었어요. 의학용어와 의료 관련법에 나오는 한자 때문에 무척 고생했구요. 게다가 대부분의 외국 학생들은 의사국가시험을 치르지 않고 자기 나라로 돌아갔으나, 저는 한국에서 일해야 하니 국가고시까지 봐야 했죠. 그래도 뚜렷한 목표와 주변의 도움 덕분에 전문의가 될 수 있었어요."

배현정의 말대로 같은 과 동기들을 비롯하여 주말 진료 나오는 외부 의사들도 많이 도와주었고, 전진상 식구들도 든든하게 지원해 주었다. 특히 임덕균은 의료법규 과목의 한자 때문에 애먹던 배현정에게 귀한 조언을 했다. 강의를 녹음해 오라고 한 것. 배현정이 공책만한 크기의 녹음기를 가지고 가서 녹취해 오면, 임덕균은 밤새 그 테이프를 듣고 배현정이 알아듣기 쉽게 풀어 주었다.

1985년 중앙대 의대를 졸업한 배현정.

Marie-Hélène Brasseur, de Charleroi diplômée en médecine de l'Université de Séoul

Une jeune femme de Charleroi, Marie-Hélène Brasseur, 39 ans, vient de décrocher un diplôme de docteur en médecine de l'Université de Séoul en Corée du Sud.

Elle a été occupée dans un service médical du pays pendant ces 13 dernières années, comme membre de l'Association fraternelle internationale (A.F.I.), dont le siège social se trouve à Genève.

Dans une interview à «The Korea Times», notre compatriote a déclaré : «Avec la certification, mes activités en service médical prendront de l'extension. Je désire me consacrer à aider les économiquement faibles, spécialement ceux qui ne bénéficient pas de l'assurance médicale. Il y a encore beaucoup de personnes qui ont besoin d'aides médicales, mais celles-ci sont restreintes».

Mlle Brasseur a expliqué à notre confrère qu'elle était très heureuse du succès «je le dois à des confrères du Collège médical de l'Université Chungang».

Elle a ajouté : «J'ai éprouvé des difficultés à lire les caractères choinois des questions d'examen portant sur la médecine préventive et la législation médicale, qui furent les plus grosses difficultés pour moi».

Après avoir acquis son diplôme d'infirmière dans la région de Charleroi (à l'hôpital Saint-Joseph à Gily) en 1967, elle vint en Corée en octobre 1972, comme membre de A.F.I. Afin de s'accoutumer à la culture coréenne, elle étudia la langue à l'Institut de langue coréenne de l'Université Yonsei pendant 2 ans, à partir de 1973. Elle entra ensuite à l'Université Chungang en 1981 pour étudier la médecine.

Elle travaille depuis environ 10 ans au «Jeon Jin Sang Center» à Siheung-2-Dong, au sud de Séoul, avec 4 autres membres A.F.I. coréens et d'autres médecins volontaires, pour fournir aux personnes déshéritées une médecine de qualité à bas prix.
En moyenne, 150 malades se présentent au Centre chaque semaine.

AVIS DE SOCIÉTÉS

CAUTION MUTUELLE DE L'ARRONDISSEMENT DE CHARLEROI
Société Coopérative
Rue du Grand Central
39/41, 6000 CHARLEROI

8-3-25

의사가 된 배현정 소식이 실린 벨기에 신문(1985년 8월).

덕분에 배현정은 1985년 2월 중앙대 의대를 무사히 졸업하고 의사국가시험에 통과했으며, 이어서 가톨릭대 서울성모병원에서 가정의학과 전문의 과정까지 마쳤다. 가정의학과를 전공한 이유는 전진상 의원에 오는 환자들이 워낙 다양하다 보니 내과부터 소아과, 피부과, 산부인과까지 두루 알아야 했기 때문이다. 배현정은 공부하는 동안 서울국제여성협회의 장학금을 받아서 전진상 식구들의 경제적 부담도 덜어주었다.

마침내 1988년, 배현정은 마흔둘의 나이로 가정의학과 전문의가 되었다. 그 기념으로 금반지를 맞춰 전진상 식구들에게 선물하며 감사를 표했다. 다섯 식구를 상징하는 연결고리가 새겨진 반지였다. 그러나 연결고리에 뜻밖의 균열이 생긴다.

그대를 보내고
꽃을
심었네

1988년 1월, 배현정이 가정의학과 전문의가 되고 얼마 지나지 않아 갑작스런 이별이 찾아왔다. 언제까지나 함께할 줄 알았던 임덕균이 결혼 발표와 동시에 공동체를 떠나겠다고 선언한 것.

전진상 '누나들'은 임덕균의 선언에 큰 충격을 받았다. 사실 임덕균은 이미 그전에 마음의 결정을 내린 상태였으나, 배현정이 전문의 시험을 앞두고 있던 터라 말을 꺼내지 못했다. 그러다 전문의 합격 소식을 듣고서야 비로소 자신의 계획을 털어놓은 것이다. 모두 망연자실했지만, 그래도 제일 마음이 무거운 사람은 임덕균 자신이었다.

임덕균이 그러한 결정을 하게 된 계기는 할아버지의 별세 소식이었다. 자신에게 장손의 역할을 강조하며 수도자의 길을 반

전진상 의원·복지관 직원들과 함께한 임덕균.

대하던 할아버지가 돌아가시면서 마음의 변화가 생긴 것이다.
그 이별은 모두에게 상처로 남았다.

세월이 흘러 다시 함께 모인 자리에서 그때 얘기가 나왔다. 먼
저 유송자가 입을 열었다.

"임덕균이 떠난 날, 소희 언니랑 나는 임덕균의 아지트였던 지
하실을 치우다가 노래를 부르며 막 울었어요. '그대를 보내고 나
서 꽃을 심었네. 서러운 마음에 꽃을 심었네…'라는 노래였죠."

패티김의 〈사랑하는 마리아〉였다. 그 노래를 부르는 동안 임
덕균이 모임에서 기타를 치던 모습도 스쳐 지나갔다. 최소희와

유송자가 이별의 노래를 불렀다면, 배현정과 김영자는 이별이 도무지 믿기지 않아 임덕균의 아버지를 찾아가 사실 확인까지 했다.

누나들의 회상을 듣고 있던 임덕균이 담담한 어조로 덧붙인다.

"장가를 가면서 누이들을 데려갈 수 없어 떼놓고 가는 심정이었어요."

시흥 전진상 공동체를 떠나던 날, 임덕균은 흐르는 눈물을 멈출 수 없었다. 도저히 10년 넘게 매일같이 다니던 큰길로는 갈 수가 없어 담장 뒷길을 둘러 떠났다. 남은 이들의 마음이 어떨지 너무 잘 알기 때문이었다. 전기라도 고장 나면, 또 무거운 짐을 옮길 일이라도 생기면 어떡하나 싶어 발길이 떨어지지 않았다.

임덕균의 빈자리는 컸다. 전진상 식구들은 무엇보다 국제가톨릭형제회(AFI) 회원이 되며 서약했던 다짐을 저버리고 혼자만의 세계로 떠난 그가 야속했다. 보통의 인간관계라면 전진상 식구들과 임덕균의 인연이 끊어졌을 법하다. 그러나 임덕균은 결혼한 후에도 전진상 식구들이 눈에 밟혀 차마 발길을 끊지 못했다.

"1년 만에 돌아왔을 때, 처음에는 마치 이방인이 된 느낌이었어요."

서로 서먹함이 남아 있었지만, 임덕균은 꾸준히 전진상 의원·복지관에 와서 힘을 보탰다. 결혼을 하고 딸 둘을 낳고 회사에 다니면서도 1주일에 한 번은 들렀다. 그렇게 계속 발길을 잇던 임

임덕균은
지금도 정기적으로
방문해서 일을 돕는다.
[사진·김지연]

덕균은 2000년 아내인 이민정 씨와 함께 국제가톨릭형제회에
재입회한다. 국내 최초로 부부 아피 회원이 탄생한 것이다. 사회
복지사인 이민정 씨는 한때 전진상 복지관에서 근무하기도 했
다. 한동안 퍼즐 하나가 빠져나간 것 같던 시흥 전진상 공동체는
다시 완전체가 되어 돌아갔다.

　전진상 초창기 식구들 중 막내였던 임덕균도 이제 60대 후반.
나이가 들며 인공관절도 하고 몸 여기저기에서 고장 신호가 나
타나고 있다. 몸을 아끼지 않고 전적으로 헌신한 증표이리라. 그
가 남긴 증표는 미니 2층집에서 시작해 흙벽 집 리모델링, 그리

고 지금의 전진상 의원·복지관 기도실의 십자가에 이르기까지 시흥 전진상 45년 역사와 함께해 왔다.

임덕균이 자신을 다시 받아준 전진상 누나들에게 고마움을 전하자, 전진상의 누나 한 명이 '쿨하게' 덧붙였다.

"돌이켜보면 그때 임덕균 입장에서는 결혼하겠다고 결심한 게 옳은 선택이었어. 덕분에 우리 공동체도 서로의 다름을 인정하면서 좀 더 성장할 수 있었고. 어쩌면 지금 이런 모습을 위해 하느님이 결혼시키셨는지도 몰라."

가계도를
그려라

　　　　시흥 전진상 공동체가 초기부터 지금까지 지켜오는 원칙이 하나 있다. 그것은 전진상 의원·복지관을 찾는 이들은 사회복지사 면담부터 거쳐야 한다는 사실. 사회복지사는 가족 관계를 확인하고 가족력까지 상세히 파악하여 진료뿐만 아니라 그 가정에 가장 필요한 도움을 주기 위해 노력한다. 다음은 실제 상담 사례(비밀 보장을 위해 가명을 사용함).

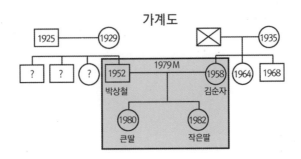

본 가정은 어렵지만 단란하게 살고 있었다. 그러나 보증금 1천만 원에 월세 35만 원으로 살던 방 두 칸이 전 재산이었던 네 식구에게 1998년 1월 큰 화재가 발생했다. 방에 있는 난로에 석유를 주입하다가 화재가 발생하여 아버지가 전신 화상을 입었고, 집과 살림이 모두 타버려서 이를 보상해야 하는 문제가 생겼다. 김순자(가명) 씨는 갑자기 닥친 사고에 어떻게 대처해야 할지, 당장 어디서 살아야 할지 막막해하며 전진상 의원·복지관을 찾았다.

이 가정은 다섯 가지 주요 문제가 있었다.

1. 남편 박상철(가명) 씨의 진료와 진료비 약 500만 원 문제
2. 화재로 전소된 월셋집의 보상 문제
3. 남은 세 식구의 생계와 주거 문제
4. 고 1 작은딸의 입학금과 고 3 큰딸의 학비조달 문제
5. 가족에 대한 지속적인 정서적·경제적 지지

전진상 의원·복지관은 이와 같은 상담 내용을 토대로 하여 해결 방법을 함께 찾아나갔다.

첫째, 가장 시급한 남편의 화상은 한림대 한강성심병원 화상센터에 의뢰하여 진료를 받을 수 있게 도왔고, 진료비는 여러 기관의 성금과 후원으로 해결했다. 둘째, 집의 전소 문제는 보증금

1천만 원으로 해결했다. 셋째, 거처는 아이들의 외갓집으로 옮겨 생활하도록 하고, 김순자 씨는 남편을 간호하느라 일을 할 수 없는 상황이라 월 생계비를 보조해 주었다. 넷째, 두 딸의 등록금은 장학금 후원자와 연결해 학업에 지장이 없도록 했다. 다섯째, 3월부터는 동사무소에서 생활보호대상자로 선정되어 진료비 등을 지원받게 되었다.

이 가정은 그 후 성당에서 지원해 준 주택에 들어가 살았고, 김순자 씨는 채소 행상과 생활보조금으로 생계를 꾸려나갔다. 남편의 화상 치료도 꾸준히 이어가면서 다시 안정된 삶을 찾을 수 있게 되었다.

위의 사례에서처럼, 전진상 의원·복지관을 찾는 상담자들의 주요 문제는 질병 때문이지만 상담 중에 또 다른 문제들이 드러나곤 한다. 가족 간의 불화, 부부 갈등, 이혼, 성 문제, 청소년 가출, 약물복용 등 심층적인 문제에서부터 전세금 인상에 따른 경제적 위기, 과중한 학비 부담, 때로는 생계비 문제에 이르기까지. 전진상 의원·복지관 담당자들은 그 문제들을 하나하나 들여다보며 해결에 나섰다.

유송자는 초창기 전진상 의원·복지관의 상황에 대해 이렇게

• 〈가정상담 사례〉, 소식지《전·진·상》19호(1998. 12), 13쪽.

전진상 복지관에서는
가정별 맞춤 돌봄을 제공한다.

설명한다.

"아이 둘을 홀로 키우는 아버지가 전진상을 찾아와 차마 입을 떼지 못하고 머뭇거리면, '아, 저 집에 쌀이 떨어졌구나' 싶은 거죠. 그러면 얼른 '아이들 장학금'이라고 말하며 생활보조금을 전달했어요."

그처럼 세세하게 가정별 맞춤 돌봄이 가능했던 배경은 가족 관계까지 그려져 있는 전진상만의 차트, 즉 '가계도' 덕분이다. 그 집의 질병 문제부터 밥숟가락이 몇 개인지 알 정도로 꼼꼼하게 파악해 놓은 차트는 지금도 전진상 의원·복지관의 역사를 생생히 전해준다.

전진상
의원은
종합병원?

"전진상 의원에 가면 못 고칠 병이 없다."

전진상이 차츰 자리를 잡아갈 무렵, 주민들 사이에서는 이런 말이 돌았다. "미국인 의사가 있어서 미제 약을 쓰기 때문"이라는 제법 그럴싸한 이유까지 덧붙여졌다.

주한 미군의 영향으로 외국인 하면 으레 미국 사람이려니 하던 시절이라, 어느 날 갑자기 나타난 '파란 눈'의 벨기에 출신 간호사 배현정(실제로는 갈색 눈동자인)은 졸지에 '양키'라고 불리기도 했다. 그 외에도 어머니나 이모부터 수녀님, 사장님, 신부님… 심지어 카키색 점퍼를 입고 나가면 군인이란 호칭까지 따라다녔다.

사실 전진상 의원이 용하다고 소문이 난 것은 전혀 근거 없는 얘기는 아니었다. 의원급 기관이 거의 없던 곳에 주말 무료 진료소가 차려진 데다, 일반 의원급에서 고치기 어려운 환자가 와도 대학병원과 연계하여 살려낸 경우가 많았기 때문이다. 그중에서도 전진상 의원의 초기부터 현재까지 봉사를 이어오고 있는 의사 3인방의 활약은 특별하다.

협심증 치료의 선두주자 박영배 선생

1975년 10월, 무료 진료소를 개설하고 첫 진료가 시작되었다. 김중호 신부의 부탁으로 서울대 의대 전공의들이 진료를 나왔는데, 그중 한 명이 심장내과 박영배 선생이다. 그는 국내 최초로 혈관 수축에 의한 이형협심증 치료법을 제시한 국내 협심증 분야의 선두주자다.

박영배 선생의 진료가 동네에 입소문이 나면서 전진상 의원 앞 골목 전체가 대기실이 되는 진풍경이 벌어지기도 했다. 당시 앰뷸런스 역할을 대신하던 리어카 등 온갖 수단을 동원해서 진료받으러 온 환자들로 가득했다.

그는 명망 있는 의사 선생인 동시에 전진상 식구들에게는 더없이 유쾌한 친구였다. 지금도 전진상 식구들은 '박영배 선생' 하면 '나이롱뽕'이 함께 떠올라 키득거린다. 산동네 꼭대기 왕진도 마다하지 않던 그는 진료가 끝나면 어김없이 화투를 들고 와서 나이롱뽕 판을 벌였다. 즐거운 게임으로 스트레스를 날려버리자는 의미였다. 게임 중간중간 "뽕, 뽕, 뽕" 소리가 날 때마다

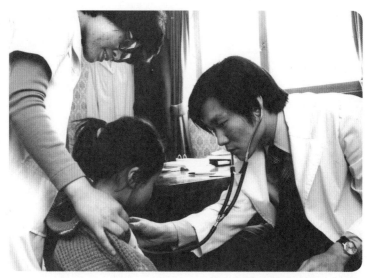

진료 중인 박영배 선생(1970년대).

웃느라 정신이 없을 정도였다.

박영배 선생의 왕진 환자 중에 J라는 20대 초반의 결핵성 뇌막염 환자가 있었다. 박영배 선생이 토요일 진료 때마다 J의 산꼭대기 집까지 가서 주사를 놔주고 가족들에게 설명해 주는 등 극진히 돌본 결과 1년 후 차도를 보였다. J는 박영배 선생과 함께 다니던 배현정에게 불편한 몸짓과 발음으로 "저 양키는 머리가 참 좋아"라며 고마움을 표하곤 했다. J는 1988년 시흥동 철거 때 동네를 떠났다.

지금까지 전진상 의원 내과 봉사를 서울대병원에서 맡고 있는 것도 박영배 선생 덕분이다. 박영배 선생은 배현정에게 청진

하는 법부터 알려준 스승 같은 존재다. 지난 2014년 서울대 의대 교수직을 정년 퇴임한 후 현재는 색소폰 연주에 빠져 있다는 박영배 선생. 그는 전진상 식구들 마음속에 그의 연주만큼이나 멋진 의사로 자리하고 있다.

신경외과 전문의 고영초 선생

1978년 첫 진료 후 지금까지 인연을 이어오는 고영초 선생은 저명한 신경외과 전문의다. 고영초 선생은 서울대 의대 재학 시절 가톨릭학생회에서 난곡에 의료봉사를 다니다가 김중호 신부와 인연을 맺으며 전진상 의원으로 봉사를 나오게 됐다. 그 자신도 젊은 시절 사제를 꿈꿨기 때문인지 전진상 식구들과 말 그대로 '케미'가 아주 잘 맞는다.

현재 은퇴 후 건국대병원 자문교수로 있으면서 여전히 한 달에 한 번, 수요일 저녁이면 자문의 봉사를 나온다. 그의 기억 속 전진상의 모습은 어떠했을까.

"당시에는 과별로 구분하지 않고 환자들을 두세 그룹으로 나누어 방마다 진료를 했으며, 진료가 끝나면 전진상 식구들과 진료 팀이 함께 저녁식사를 했다. 김중호 신부님께서 맛 좋은 포도주를 갖고 오시거나 배현정 선생님이 대사관에서 좋은 술을 가져오신 날은 그야말로 흥겨운 파티가 벌어지곤 했다. 지금도 가끔 그리울 때가 있다."

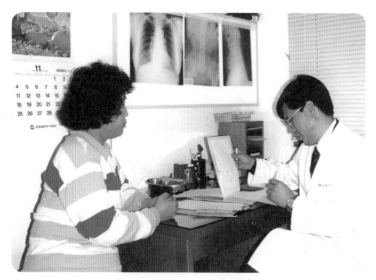

진료 중인 고영초 선생(1980년대).

특별히 군 입대 전 김수환 추기경에게 감사패를 받기도 한 고
영초 선생은 늘 자신을 성찰하던 의사였다.

"병원에서 힘든 수술을 하고 와 피곤하다고 해서 또는 환자가
너무 지저분하고 횡설수설한다고 해서 귀찮아하지는 않았는지,
환자 방문을 다음으로 미루고 간호사에게 대신 가보도록 하지는
않았는지, 이는 오직 주님께서만 아실 것이다."

고영초 선생은 제대 후 한림대 강남성심병원에서 근무하며 다
시 전진상 의원을 찾았다. 점점 시력을 잃어가던 청년 H를 만난

◆ 고영초 선생 내용 중 인용문은 소식지 《전·진·상》 15호(1996. 12)에서 발췌.

것도 그즈음이다. 네 살 때 뇌에 종양이 생겨 점점 시력을 잃어가던 H를 강남성심병원으로 데려가 수술받을 수 있게 도왔다. 그외에도 화상 환자 등, 고영초 선생의 도움으로 수술받고 건강을되찾은 환자들이 꽤 많다.

전진상 의원의 명성이 높아지며 점차 다양한 환자들이 내원하다 보니 종합병원 못지않은 전문성이 요구되었다. 그러자 고영초 선생은 함께 근무하던 동료들이나 알고 지내던 의사들에게도움을 청했고, 다들 흔쾌히 자문의 봉사에 응해주었다.

"전진상 식구들의 해맑은 미소와 좋은 진료 분위기가 동료 의사들에게 봉사하고픈 마음을 갖게 하지 않았나 생각한다."

고영초 선생은 이렇게 공을 돌리지만, 진짜 이유는 그 자신이귀감이 되었기 때문이 아닐까. '전진상 의원' 하면 '맛있는 밥'이떠오른다는 고영초 선생. 전진상 식구들이 정성스레 밥상을 차려주었듯, 그는 훌륭한 자문의 봉사자들을 꾸려주었다. 그 따뜻한배려 덕분에 전진상 식구들은 항상 든든하다.

어린이에서 노인까지, 심장 전문 홍석근 선생

서울대 의대 전공의 팀의 또 한 사람인 심장내과 홍석근 선생. 그도 1987년부터 지금까지 자문의로 진료를 봐주고 있다. 초창기 심장병 환자 중에는 어린이 환자들이 많았던 반면, 지금은 노인 환자들이 늘어났다. 홍석근 선생이 진료를 하는 날이면 병원

진료 중인 홍석근 선생(1980년대).

대기실이 동네 어르신들로 가득하다.

　배현정 간호사가 산동네에서 환자를 돌보다가 심장병 어린이를 발견해서 알리면, 홍석근 선생은 해당 어린이가 수술을 받을 수 있도록 백방으로 노력했다. 중학생 환자 J와 폐결핵을 앓던 그 어머니도 그런 환자들이었다. J의 심장병을 치료하면서 동시에 어머니에게도 결핵에 관해 설명하고 복약과 치료를 권했지만 막무가내였다. J의 어머니는 끝내 요양원에 가서도 치료를 받지 않고 애를 먹였다. 다행히 J는 홍석근 선생 덕분에 어린이심장재단 지원으로 1991년 심장 수술을 받았다. J는 지금 결혼해서 잘 살고 있으며, 그 어머니는 몇 년 전 세상을 떠났다.

환자를 정성껏 돌보는 의사로 손꼽히는 홍석근 선생. 지금도 그가 자문의로 봉사를 나오는 수요일이면 환자들이 밤늦게까지 기다린다. 병원 근무를 마치고 전진상 의원에 와서 저녁 진료를 보기 시작하면 밤 12시가 넘어 끝날 때도 많지만, 한 번도 힘들다는 내색을 한 적이 없다.

홍석근 선생에게 전진상 의원은 개인적으로도 매우 특별한 공간이다. 전진상 의원·복지관 기도실에서 혼배미사를 드렸기 때문. 그 아름다운 인연은 지금도 이어지고 있다.

전진상 부속의원에서
'전진상 의원'으로
명칭 변경 후
(1991년).

3장

살며 사랑하며 싸우며

"호스피스는 삶의 마지막 단계를 잘 살도록
돕는 활동입니다. 죽음을 앞둔 사람의 입장에서
삶을 정리하고 시간을 보내며, 두려움을 잊고
차분히 죽음을 맞을 수 있도록 돕습니다."
그래서 전진상 의원의 호스피스 환자들은 호스피스
시기를 "내 생애 가장 아름다운 시간"이라고
말하기도 한다.

내 생애
가장 아름다운
시간

"이런 분들은 언제라도 상담실 문을 두드려
주세요. 약값이나 진료비 때문에 치료를 계속하기 힘드신 분, 가
정상담·진료상담·법률상담이 필요하신 분, 아이의 교육비 감당
이 힘드신 분, 생계의 위험에 처하신 분."

전진상 의원·복지관의 상담실 입구에 붙어 있는 안내문이다.
전진상 식구들은 시흥동 주민들과 동고동락하며 한 생명이라도
더 살리려 고군분투했지만 '모든' 환자를 살릴 수는 없었다. 죽
음은 비단 1977년 산사태 같은 재해가 아니더라도 주민들의 일
상에 너무나 가까이 있었다.

가난은 병든 아이를 이불로 가려 차가운 윗목에 밀어놓게 하
고, 패혈증으로 사망한 여덟 살짜리 아이를 가마니로 덮어 언덕
밑 하수구에 내려놓게 만들었다. 또 산꼭대기 판잣집에서는 화

1970년대
시흥동 산동네의
하수구.

장할 돈조차 없어 암 환자의 시신을 병풍 뒤에 방치해 두기도 했다. 보다 못한 전진상 식구들이 적십자 버스를 빌려 화장터까지 따라갔지만, 그곳에서도 가난한 이의 시신은 함부로 다루어졌다.

"돈이 없으면 죽을 수도 없던 때였어요."

최소희 약사의 표현처럼 죽음은 가난한 이들에게 더욱 잔인했다. 이렇듯 충격적인 장면을 수없이 목도하면서 전진상 식구들은 일찌감치 호스피스의 필요성을 느꼈다. 유송자 사회복지사는 다음과 같이 말한다.

"젊은 시절, 죽음을 앞둔 이들에게 행해지던 비인간적인 행태에 큰 충격을 받았어요. 인간의 존엄성이 무시될 때가 많았죠. 어쩌면 그때부터 호스피스 돌봄을 생각했는지 모릅니다."

전진상 식구들이 가정방문 다니며 만난 말기 암 환자들은 벼랑 끝의 사람들이었다. 더 이상 내몰릴 데가 없는, 평생 고달프게 살아온 그들이 생의 마지막 순간에라도 인간답게 존중받으며 편안히 임종을 맞이하도록 돕고 싶었다.

그리하여 1988년 배현정 원장이 가정의학과 전문의가 되고 나서 전진상 의원에서는 처음으로 '가정 호스피스' 활동을 시작한다. 국내에 호스피스란 개념이 도입된 것은 1963년, 마리아의 작은 자매회(현재 모현호스피스센터 운영)를 통해서였지만 오랫동안 우리 사회에 뿌리내리지 못했다.

1995년, 가톨릭대 간호대가 국내 최초로 세계보건기구 호스피스 협력센터로 지정되면서 비로소 호스피스에 대한 관심이 조금씩 생겨났다. 전진상 식구들도 호스피스 전문교육을 받으며 좀 더 체계적으로 호스피스 돌봄을 준비해 나갔다.

먼저 김영자 간호사는 1996년 4월부터 12월까지 세계보건기구 협력하에 가톨릭대 간호대에서 주관한 호스피스·완화요법 전문교육 과정을 이수했다. 다음으로 배현정은 영국 국제 호스피스 학술연구회 참석 후 벨기에 호스피스 전문병원으로 건너가, 1997년 8월부터 10월까지 교육과 더불어 말기 암 환자들에게 완화진료를 실시하는 등 임상 경험도 쌓았다.

이렇게 전진상 의원·복지관이 잠시 숨을 고르며 재도약을 준비할 수 있었던 것은 상주 의사가 한 명 늘었기 때문이다. 가정의학과 전문의인 정미경은 1996년 국제가톨릭형제회(AFI)에 입회했으며, 이듬해부터 시흥 전진상 공동체에서 함께 생활했다. 배현정이 호스피스 교육을 마치고 돌아온 뒤에는 정미경이 호주 플린더스 대학교 부속 호스피스 전문기관인 '다우하우스호스피스(Daw Hous Hospice)'로 가서 9개월의 호스피스 완화의료 과정을 마쳤다.

1997년 3월부터 전진상 의원에서는 '전진상 가정 호스피스 팀'을 꾸려 전문화된 돌봄을 제공하기 시작한다. 호스피스 활동은 환자가 살아 있을 때뿐만 아니라 사후에도 계속되었다. 임종한 환자의 시신을 깨끗이 닦고 옷을 갈아입혀 병원 영안실까지 안내해 주었고, 사랑하는 사람을 떠나보낸 가족들을 위해 사별가족 모임을 진행하여 고통과 슬픔을 경감시켜 주었다.

작은 의원급이다 보니 힘든 일도 많았다. "전진상 의원처럼 작은 병원에서 왜 이렇게 모르핀 같은 마약 성분 약을 많이 쓰느냐"는 식의 편견과 싸워야 했고, 또한 시범사업이 대학병원 입원 환자 중심으로 이뤄졌기 때문에 가정 호스피스를 운영하던 전진상 의원은 한동안 정부 지원에서 소외되었다. 결국 전진상의 호스피스 활동은 후원자들의 기금에 의지할 수밖에 없었다.

2008년 9월 23일, 전진상 의원은 호스피스 완화의료센터를 열고 '입원형 호스피스' 활동도 시작한다. 전진상 호스피스 완화의

가정집 같은 편안함을 주는
전진상 호스피스 완화의료센터.
[아래 사진·김지연]

료센터는 같은 해 12월 10일 완화의료전문기관 인준(서울 최초의 독립시설형)을 받았으며, 호스피스 전문 팀이 가정적인 분위기 속에서 환자를 24시간 돌보고 있다. 전진상 의원의 호스피스 전문 팀은 의사, 전문간호사, 사회복지사뿐 아니라 여러 분야의 전문가(성직자, 음악치료사, 미술치료사 등)와 자원봉사자로 구성되어 있다. 그들은 말기 암 환자와 가족의 고통을 덜어주고 삶의 질을 높여주며, 환자가 인간으로서 존엄성을 유지하며 행복하고 편안하게 임종을 맞이하도록 돕는다.

현재 노상미 센터장과 함께 전진상 의원의 호스피스 완화의료센터를 책임지고 있는 배현정 원장은 다음과 같이 말한다.

"연명의료결정법(호스피스·완화의료 및 임종과정에 있는 환자의 연명의료 결정에 관한 법률)이 본격 시행되면서 호스피스에 대한 인식도 달라지고는 있지만, 아직도 '호스피스는 죽으러 가는 곳'이란 부정적인 느낌이 남아 있어 안타까워요."

그리고 이렇게 덧붙인다.

"호스피스는 죽음을 돕는 것이 아니라 삶의 마지막 단계를 잘 살도록 돕는 활동입니다. 죽음을 앞둔 사람의 입장에서 삶을 정리하고 가족들과 함께 시간을 보내며, 두려움을 잊고 차분히 죽음을 맞을 수 있도록 돕습니다."

그래서 전진상 의원의 호스피스 환자들은 호스피스 시기를 가리켜 "내 생애 가장 아름다운 시간"이라고 말하기도 한다. 가족

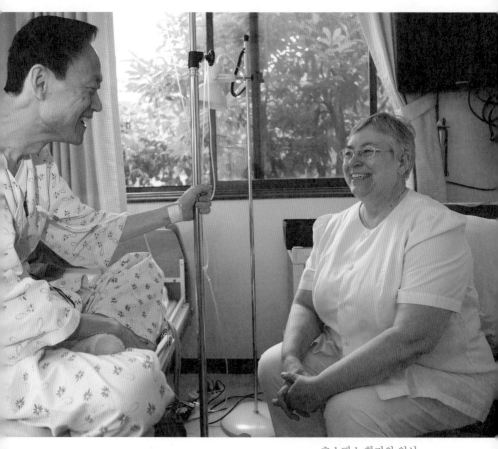

호스피스 환자와 의사,
서로에게 '가장 아름다운 시간'이 될 수 있기를.

에게 학대를 당하며 자란 30대 남성도 그런 환자 가운데 한 명이었다. 판잣집에서 혼자 지내던 중 암이 발병해 앞으로 한 달밖에 못 산다는 진단을 받고 전진상 가정 호스피스 팀의 돌봄을 받았는데, 실제로는 2년 넘게 머물다 떠났다고 한다. 이는 생애 처음 받아본 보살핌에서 비롯된 '사랑의 기적'이 아닐까.

오늘도 배현정은 호스피스 환자들 곁을 지키고, 그들의 말에 귀를 기울이며 이렇게 기도한다.

"이 환자들과 함께하는 기간이 저에게도 '내 생애 가장 아름다운 시간'이 될 수 있도록 하느님께 은총을 구합니다."

가정형 호스피스,
가족과 함께
지내요

우리나라에 호스피스 개념이 정립되기 전, 산동네를 가가호호 방문하며 '가정형 호스피스'의 씨앗을 뿌린 전진상 식구들. 그들이 시작한 가정형 호스피스는 여러 가지 면에서 모범 사례로 꼽힌다. 전진상 호스피스 팀은 초기부터 봉사자 교육 및 실습 과정을 준비하는 한편, 소식지 등을 통해서도 꾸준히 정보를 공유해 왔다.

2005년 전진상 의원·복지관 개관 30주년 기념 심포지엄에서 정미경 당시 호스피스센터장은 '전진상 의원 가정 호스피스 활동 사례'를 발표했다. 그중 일부를 옮겨본다. 참고로 2005년 '입원형' 호스피스 제도, 2015년 '가정형' 호스피스 제도 시행 이전까지는 입원 호스피스와 가정 호스피스란 표현이 일반적으로 쓰였다.

대부분의 사람들은 임종이 가까워지면 자신의 집에서 가족에게 작별을 고하고 품위 있게 죽음을 맞이하기를 원한다. 그러나 이러한 사람들의 소망과는 반대로 집에서 사망하는 환자의 비율은 점점 감소하는 추세다. 더욱이 환자가 진행된 암을 앓고 있는 경우, 극심한 통증과 그 밖의 여러 증상들을 조절할 적절한 대책이 없다면 환자를 임종할 때까지 집에서 돌보는 것은 매우 괴로운 일이다. 따라서 말기 상태의 환자가 가정에서 돌봄을 받고 가족과 함께 생의 마지막 시기를 보내기 위해서는 경험 있는 의료진이 포함된 가정 호스피스의 도움이 필수적이다.

호스피스 완화의료는 말기 질환의 마지막 단계에 있는 환자와 그 가족을 가능한 한 편안하게 하고 안전한 환경에서 생의 마지막 여정을 고통 없이 계속할 수 있도록 돕는 전인적 돌봄이다. 죽어가는 과정을 인위적으로 빠르게 하거나 늦추려는 의도를 갖지 않으며 죽음의 과정 동안 전문적인 의학 지식에 기초한 돌봄과 심리적·정서적·영적 지지를 제공한다.

그런 호스피스 돌봄의 특징 중 하나는 긍정적인 태도다. 말기 상태의 질환을 앓고 있는 환자를 위해 '할 일'이 항상 있다는 태도가 구체적으로 의료인과 그 밖의 돌보는 사람들의 행동, 대화 등에 나타나야 한다.

의료인이나 질병 중심에서 환자 중심으로 방향을 전환하여 환자와 가족 입장에 서서 돌봄을 제공해야 한다. 그렇게 함으로써

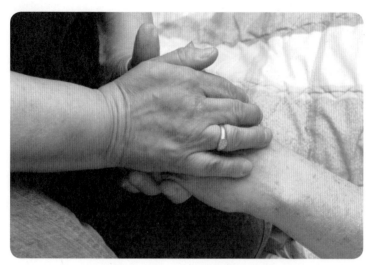

전진상 가정형 호스피스의 시작은
'방문 진료'에서부터.

환자는 마지막 삶에 대한 통제권을 갖고 자신이 아직도 삶의 주
인임을 자각하게 된다. 또 환자는 '말기' 환자로 취급되어서는 안
된다. 죽는 순간까지 성장할 가능성이 있는 '하나뿐인 특별한' 인
간으로 대우받아야 하며, 가족의 한 구성원으로 소외당하지 않고
살 수 있도록 도움을 받아야 한다.

　전진상 의원은 설립 초기부터 의료 혜택을 받지 못하고 방치
된 환자들을 의료진이 가정으로 직접 찾아가서 돌보는 활동을
계속해 왔다. 가정 호스피스 활동이 점차 활발해지면서 1996년
부터는 의사, 간호사, 사회복지사 등이 적극적으로 호스피스 교
육을 받기 시작했다.

무료 양로원을 방문하여 진료 중인 배현정(2007년).

　가정 호스피스는 가정에서 돌봄이 이루어지므로, 가족 가운데 환자를 주로 담당할 보호자를 정해 호스피스 팀의 일원으로 함께하게 된다. 호스피스 환자가 등록을 하면 의사와 간호사, 사회복지사가 정기적으로 방문하여 환자 상태와 가정환경, 가족 문제 등을 평가하고 필요한 치료와 돌봄, 교육을 제공한다.

　환자는 24시간 전화 상담을 할 수 있고 필요한 경우 의료진의 방문 치료를 요청할 수 있다. 사회복지사의 역할은 등록 시 가족 중심의 의무기록을 작성하고 환자 가정을 방문하여 사회적·경제적·심리적 환경을 파악하며, 문제가 있을 때 가능한 자원을 동원하여 해결하는 것이다.

환자와 가족은 전진상 의원의 '낮 병실'을 이용하여 치료를 받거나 휴식을 취할 수도 있다. 전진상 의원에서 호스피스 교육을 받은 자원봉사자들이 1주일에 2회 정도 환자를 방문하여 여러 가지 필요한 도움을 주고 환자와 함께 시간을 보낸다. 환자의 사망 후에는 사별가족 모임과 전화 상담 등을 통해 가족들이 겪는 어려움을 덜어준다.

또한 전진상 의원에서는 1999년부터 다른 기관과 연계하여 의사, 간호사, 사회복지사 등 호스피스 전문가를 위한 교육 및 실습도 실시하고 있다. 호스피스 자원봉사자들은 3회에 걸쳐 회당 20시간 이상의 집중 교육을 받으며 매월 정기 모임을 통해서도 필요한 교육을 받는다.

이러한 전진상의 가정 호스피스 전통은 2016년 전진상 의원이 '가정형 호스피스 시범사업기관'이 된 후로도 계속 이어지고 있다.

입원형 호스피스,
마지막 여행의
동반자

2009년 1월, J씨 가족에게 청천벽력 같은 소식이 전해졌다. J씨 어머니의 폐암 말기 판정. 가족들은 짧으면 2~3개월, 길면 1년의 시간이 남았다는 이야기를 듣고 환자인 어머니에게 그대로 전할 수가 없었다. 어머니가 방사선 치료를 받고 몸이 조금 좋아져서 희망에 차 있었기 때문이다.

가족들은 초기에 발견했으니 치료 잘 받고 잘 드시면 나을 거라는 거짓말로 어머니를 안심시켰다. 그러고는 고통스러운 항암 치료를 중단하고 집으로 모셨다. 항암 치료를 선택하지 않은 암 환자가 병원에서 받을 수 있는 도움은 퇴원 후 며칠간 복용할 약과 진통제 처방이 전부였다.

J씨 어머니는 다행히 통증은 그리 심하지 않았지만, 방사선 치료 후유증으로 머리카락이 모두 빠졌고, 식욕이 점점 떨어져 거

의 못 먹는 날이 늘어갔다. 가족들은 어머니에게 좋아질 수 있다는 희망을 심어주며 조금이라도 먹고 산책을 하시라고 격려했지만, 정작 어머니 본인은 알 수 없는 통증에 밤잠을 못 이루며 혼자 앓는 날이 이어졌다.

그런 어머니를 모시고 다시 병원에 가보았지만 항암 치료 외에는 더 이상 해줄 것이 없다고, 그저 통증이 있으면 와서 진통제 처방이나 받으라는 답변이었다. 상태는 계속 안 좋아져서 하반신 마비가 오기 시작했고, 가족들도 더 이상 어머니를 속일 수 없었다. 어머니는 사실을 알게 된 충격으로 마비 증상이 더 심해지기도 했다.

J씨는 급한 마음에 말기 환자의 마음이 어떠하며 가족은 어떻게 대처해야 하는지 정보를 알고자 인터넷을 뒤지기 시작했다. 말기 암 환자를 검색하다 보니 자연스럽게 호스피스라는 단어와 연결됐고, 집 가까운 곳에 '전진상 의원'이란 호스피스 병원이 있다는 사실도 알게 되었다.

J씨가 입원 수속을 밟는 동안 어머니는 응접실에 앉아 그동안의 서러움이 북받쳐 울고 있었다. 아픈 어머니를 모시고 더 이상 갈 곳 없던 J씨 가족에게 전진상 의원은 풍랑 속에서 만난 등대와 같았다.

그렇게 2009년 6월 전진상 의원에서 J씨 어머니의 새로운 생활이 시작되었다. J씨는 그때를 이렇게 회상한다.

"전진상 의원은 병원이라기보다는 아담한 응접실이 있는 가정집 분위기였어요. 그 흔한 소독약 냄새도 풍기지 않고, 말기 중환자들이 계신 곳인데도 옆 병실의 위급한 상황이 소란스레 전해지지 않도록 철저하게 배려해 주었습니다. 그동안 방치되다시피 했던 엄마의 통증 조절이 시작되었고, 환자뿐만 아니라 가족의 상처 받은 마음까지 함께 치료를 받았지요."

전진상 의원의 호스피스 완화의료센터는 환자의 직접적인 치료뿐만 아니라 정서적 안정, 환자를 돌보는 가족들의 심적 안정까지 고려한 호스피스 프로그램을 제공한다. 그래서 특히 외적인 상처 치료가 필요치 않고 거동도 원활했던 J씨 어머니는 하루하루를 재미있고 활기차게 보낼 수 있었다.

많은 어머니들이 그렇듯 J씨 어머니 역시 과일 한 쪽도 멀쩡한 것은 모두 가족에게 양보하고, 여행 한번 제대로 다녀보지 못한, 온전히 가족만을 위해 살던 분이었다. 그런 어머니가 중병을 얻고서야, 특히 전진상 의원에 입원하고 나서야 제대로 된 돌봄을 받을 수 있었다. 가족들과 함께 남은 삶을 나누고, 지난 상처를 돌아보고 보듬으며 이별을 차근차근 준비하게 된 것이다.

J씨 어머니는 거동이 가능했을 때는 병원 주변의 재래시장에 나가서 과일도 사고 떡도 사며 둘러보길 좋아했다. 또 때로는 꽃꽂이를 하고, 손톱에 봉숭아물을 곱게 들이고, 구슬을 꿰어 목걸이와 팔찌를 만들고…. 가족들과 함께 추억을 나누고 봉사자들

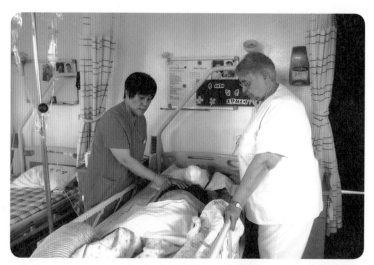

호스피스 완화의료센터에서 환자를 돌보는
강귀엽과 배현정.

의 도움을 받으며 그 시간을 즐기게 되었다.

하지만 점차 암 세포가 뇌로 전이되어 치매가 심해지면서 J씨 어머니는 어린아이 같은 상태가 되었다. 그래도 워낙 노래를 좋아해서 음악치료 시간만 되면 악기를 흔들고 소리를 내며 즐거워했다. 심지어 예전에 불렀던 노래는 2절 가사까지 정확하게 따라 부르기도 했다. J씨는 그런 어머니의 모습을 보며 '노래방에도 모시고 갔더라면…' 하는 후회가 들었다.

J씨 어머니는 입원 중에 가톨릭 교리봉사자를 통해 교리를 배우고 신자가 되었다. 병원 안에서 세례를 받던 날, 기쁨에 찬 어머니의 고운 모습은 이미 가톨릭 신자였던 나머지 가족들에게

임종자를 위한 '평화의 방'에 비치된 물품.

[사진 · 김지연]

더할 나위 없이 큰 선물이 되었다. 그 후 J씨 어머니는 시흥5동성당에 두 번이나 직접 가서 미사에 참례했고, 치매로 정신이 없는 상태에서도 "봉성체 때문에 신부님이 오셨다"는 얘기를 들으면 벌떡 일어나 "아멘!"을 외쳤다.

J씨 어머니는 예상보다 6개월 더 전진상 호스피스 완화의료센터에 머물렀다. 가족들은 어머니와 헤어짐을 준비하는 기간 동안 서로 나누지 못한 마음을 나누고, 늘 어머니에게 일방적으로 받아왔던 사랑을 어머니를 위해, 어머니만을 위해 쏟을 수 있었다.

그렇게 어머니를 배웅한 J씨는 1년 후 어머니의 기일을 맞이하여, 전진상 식구들에게 다음과 같은 인사를 전했다.

"엄마가 없는 슬픔은 무엇으로도 치유될 수 없겠지만, 덕분에 이별의 과정을 따뜻하게 보낼 수 있었습니다. 우리 가족을 전진상 의원에 불러주신 하느님께 감사드리고, 엄마를 회상하면 자동으로 떠오르는 전진상 식구들에게도 다시 한 번 감사드립니다. '한번 전진상 식구는 영원한 전진상 식구'가 되는 것 같습니다. 우리 가족의 마음엔 전진상이란 이름이 따뜻한 사랑으로 새겨져 있습니다."

* 이 글은 소식지《전·진·상》43호(2010. 12)의 J씨 기고문을 재구성한 것입니다.

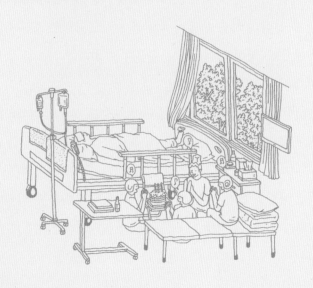

오래된 곳이라고 해서 걱정했는데 깨끗하고 아늑한 분위기가 무척 마음에 들었던 기억이 납니다. 그렇게 엄마와 함께하는 전진상에서의 생활이 시작되었습니다. 엄마가 아프고 하루하루 약해지고 있는 것만 빼면 평화로운 나날이었던 것 같아요. 비오는 날 창밖을 바라보며 두런두런 이야기도 하고 주변 분들의 응원 메시지도 들려드리고, 엄마의 생일잔치도 할 수 있었어요. 노래봉사자들이 오시는 날이라 다 같이 〈당신은 사랑받기 위해 태어난 사람〉을 불러드릴 수 있어서 슬프면서도 행복했습니다.

* 이 그림과 글은 소식지 《전·진·상》 55호(2016. 12)의 김소은 씨 기고문에서 발췌한 것입니다.

아름답고
슬픈
이별

　　시흥 전진상의 45년 역사 중 분기점이 된 사
건으로는 배현정이 의사가 된 일, 그리고 호스피스 완화의료의
시작을 꼽을 수 있다. 이 두 가지 일에 모두 연결된 인물이 의사
정미경이다. 그런데 어째서 전진상 식구들에게 '아픈 손가락'으
로 남았을까.

　1959년생 정미경은 1985년 이화여자대학교 의과대학을 졸업
한 뒤 가톨릭대 서울성모병원에서 가정의학과 전문의 과정을 마
쳤다. 넉넉지 못한 가정의 6남매 중 맏이였던 정미경은 가족 부
양의 무게를 느끼는 한편으로 더 많은 가난한 이웃들을 도우며
살고 싶어 했다. 의학 공부를 할 때부터 생명윤리와 의학윤리에
관심이 많았고, "의사라는 것은 본래가 봉사직"이라는 신념이
깊었다. 잠깐 개원한 적도 있지만 늘 자신의 달란트가 좀 더 의미

있는 곳에 쓰이길 바랐다.

그러던 중 서울성모병원 가정의학과 전문의 1년 선배였던 배현정의 권유로 국제가톨릭형제회(AFI)에 입회하여 아피 회원이 되었다. 그리고 1997년부터 시흥 전진상 공동체에서 함께 생활하며 18년간 호스피스 진료에 주력했다. 초기에는 배현정 원장과 함께 가정 호스피스 팀을 이끌었고, 호스피스 완화의료센터 개원 후에는 센터장을 맡았다.

호스피스 담당의사로서 300명이 훨씬 넘는 말기 환자들의 마지막을 배웅했지만, 정미경 역시 누군가의 마지막을 지켜보기만 하는 일은 견디기 힘들었다. 그러나 의사가 불안해하면 환자도 불안해한다는 사실을 깨닫고는 시행착오 끝에 까다로운 환자와 보호자에게도 친근히 다가가는 의사가 되었다. 정미경은 언제나 그 공을 다른 이들에게 돌리곤 했다.

"혼자 힘으로 할 수 있는 일은 아니었어요. 함께하는 국제가톨릭형제회 회원들, 직원들, 봉사자들이 없었다면 지금까지 이 일을 계속하지 못했을 겁니다."

정미경은 바쁜 와중에도 틈틈이 전진상 의원의 호스피스 활동 사례를 외부 전문가들과 공유하여 호스피스 돌봄의 질을 한 단계 높이는 데도 기여했다. 아울러 각 호스피스 환자를 스승으로 삼아 의사인 자신을 돌아보곤 했다.

20대 중반에 두경부암 진단을 받고 폐와 뼈로 전이되어, 6년간 가정 호스피스를 받다가 세상을 떠난 여성 환자의 사례에서 다음과 같이 밝힌 바 있다.

　환자는 통증과 심리적 괴로움을 호소하면서 자주 전진상 의원 '낮 병실'에 머물렀다. "조금은 행복해지고 싶은데 방법이 없을까", "고통이 너무 길지 않았으면 좋겠다", "언제까지 이렇게 살아야 하나"와 같이 어려운 질문을 던지는, 예민하고 까다로운 환자이면서 또한 좋은 스승이었다. 조절하기 어려운 통증을 겪고 있어서 통증 조절 공부를 더 하도록 했고, 의료진이 별 생각 없이 던지는 말을 지적하면서 좀 더 민감하게 반응하기를 주문했다. 환자의 통제력을 유도하도록 돕는 일이 얼마나 중요한지 가르쳤고, 무력함을 두려워하지 않고 환자 옆에 머물 수 있는 용기가 중요하다는 것도 가르쳐주었다.[*]

이렇듯 세심하게 호스피스 환자를 돌보던 정미경에게 뜻하지 않은 병마가 찾아왔다. 2006년 갑상선암 진단을 받은 데 이어 2008년에는 유방암 진단까지 받은 것. 그러나 정미경은 암 진단에도 불구하고 호스피스 봉사자 교육과 환자 돌봄 등 의사로서 활동을 멈추지 않았다. 2014년 암이 전이된 뒤에는 호스피스 의

---

[*] 정미경, '전진상 의원 가정 호스피스 활동 사례', 〈기관 창설 30주년 기념 심포지엄〉, 소식지 《전·진·상》 33호(2005. 12), 12~13쪽.

사가 아닌 환자로서 전진상 호스피스 완화의료센터에 입원, 전진상 식구들의 돌봄을 받다가 2016년 선종했다. 사후 국내 최고 권위의 '보령의료봉사상' 대상이 수여되어 정미경의 헌신적인 삶을 기렸다.

정미경은 투병 중에 가진 한 인터뷰에서 밝은 표정으로 이렇게 말했다(《의협신문》 2015년 5월 4일자).

"6남매의 맏이로 살아왔고 운 좋게 의사가 되면서 무의촌 같은 어려운 곳의 사람들을 도우며 살고 싶다는 생각을 많이 했어요. 서울에서 가장 어려운 곳에서 가난한 이들을 도우면서 지내고 있으니, 꿈을 이룬 셈인가요. 하하."

의사인 정미경은 자신이 암으로 투병하고 있었기에 호스피스 환자들의 심정을 누구보다 잘 이해했으며, 그만큼 더 극진히 돌보았으리라.

전진상 식구들이 "참 아름다운 사람, 좋은 사람"이라고 말하는 정미경은 생각이 깊고 조용한 성품의 소유자였다. 그들의 기억 속에는 정미경이 이른 봄 아픈 몸으로 산책하고 돌아오던 길에 얼음을 뚫고 피어나는 샛노란 복수초(福壽草)를 사진 찍어 자랑하던 모습이 생생하다. 비록 꽃 이름처럼 장수를 누리지는 못했지만, 정미경의 사랑과 온기는 여전히 전진상 의원·복지관을 포근히 감싸고 있다.

정미경은 마지막까지 전진상 식구들에게 특별한 선물을 남기

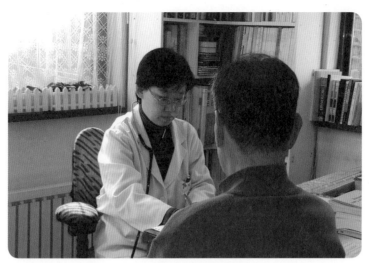

암 투병 중에도 진료를 멈추지 않았던 정미경(2013년).

정미경(뒷줄 맨 왼쪽)과 전진상 식구들(2011년).

고 떠났다. 그것은 자신이 이전에 호스피스 담당의사로서 환자들의 마지막을 지키면서 얻은 깨달음이었다.

죽어가는 사람을 돌볼 때 돌보는 사람의 손이 텅 비어 있고, 모든 치료를 다 해보았으며, 위로의 말도 이미 다 해버린, 그런 때가 온다. 그것은 돌보는 사람이 오직 도망치기를 원하면서 침대 발치에 쓸모없고 무기력한 채로 서 있는 때다. 이런 상황을 다루는 좋은 방법은 무력함의 중요성을 배우고 그것을 두려워하지 않는 것이다. 죽음을 앞둔 사람들이 바라는 것은 우리가 있어야 할 곳, 즉 그들 곁에 있으며 어떤 방식으로든 그들과 연결되는 것이다.*

2016년 3월, 쉰일곱 살의 정미경은 하느님 곁으로 떠났다. 자신이 숱한 환자들의 마지막을 지켰던 바로 그 '평화의 방'에서, 자신과 '연결'된 전진상 식구들 모두가 침대 발치에서 지켜보는 가운데.

정미경이 떠나고 어느덧 4년. 전진상 식구들은 지금도 그녀와의 이별을 떠올리면 눈물부터 흐른다. 떠나는 순간까지 너무 아름다웠던, 그래서 더 슬픈 이별이었다.

---

* 정미경, 앞의 글, 13쪽.

새로운
식구들을
소개합니다

1975년 배현정, 최소희, 유송자 등 세 명의 국제가톨릭형제회(AFI) 회원이 뜻을 모아 시작한 시흥 전진상 공동체는 45년 동안 약간의 인원 변동이 있었지만 창립 멤버들은 여전히 건재하다. 임덕균과 김영자가 합류해서 다섯 명이 되었다가 임덕균이 떠난 후 한동안 4인 체제를 유지했다. 1997년 정미경, 2000년 최혜영, 2013년 강귀엽 등 세 명이 합류했으며, 2016년 정미경이 선종한 후 현재는 6인 아피 공동체를 이루고 있다.

초기부터 '의료 사회복지 통합 기관'을 꿈꾸던 시흥 전진상 공동체는 1975년 전진상 약국으로 시작해서 2008년 전진상 의원의 호스피스 완화의료센터가 문을 열고 '완화의료전문기관' 인준을 받으며 결실을 맺는다. 기존의 의원, 복지관, 약국, 지역아동센터에 호스피스 완화의료센터가 더해져 다섯 기관의 팀워크가 완성된 것이다. 특히 호스피스 전문 인력으로 의사(정미경), 사회복지사(최혜영), 간호사(강귀엽) 등 '젊은' 후배들이 합류하면서 시흥 전진상 공동체는 활기를 띤다.

최혜영 사회복지사는 1958년생으로, 2000년에 시흥 전진상 공동체의 일원이 되기 전까지 사회복지 공무원과 종합사회복지관 업무 경험을 쌓았다.

현재 주민센터나 구청 등에서 근무하는 사회복지 공무원의 시작은 1987년부터 뽑은 '사회복지 전문요원'으로, 빈곤층의 자립을 돕기 위해 신설한 별정직 공무원이었다. 최혜영은 바로 이 사회복지 전문요원으로서 1991년 여름부터 약 3년 반 동안 복무했다. 그러나 실제로는 사회복지 고유 업무보다 일반 주민센터 업무가 더 많아서 한계를 느낀다.

그 무렵 서울대교구 산하 서울가톨릭사회복지회에서 종합사회복지관을 처음 위탁 운영하게 되자, 최혜영은 선배 아피 회원의 권유를 받아 종합사회복지관으로 자리를 옮긴다. 최혜영은 사회복지 공무원 신분이던 1992년 국제가톨릭형제회에 입회하여 1995년 벨기에 브뤼셀에서 서약하고 아피 정회원이 된 상태였다.

최혜영은 신당종합사회복지관의 총괄 운영을 맡아 선험적인 프로그램 개발과 사회문제 개선에 힘썼다. 교육과 상담 중심의

2000년에 합류한
사회복지사 최혜영.
[사진·김지연]

복지관으로서 중장년을 위한 컴퓨터 교육, 알코올중독 가정 상담, 보호관찰 청소년 프로그램 등을 실시했으며, 서울역 뒤편 쪽 방촌 방문과 도시락 배달 등 재가복지 업무도 진행하고 재활용 가게를 운영하여 지역사회 교류에도 기여했다. 이처럼 부단히 노력했지만, 업무 특성상 어려운 이웃과 함께하며 연대감을 느낄 기회는 적어서 아쉬웠다. 그즈음 시흥 전진상 공동체에서 호스피스 활동을 접하며 삶의 전환점을 맞이한다.

시흥 전진상 공동체와의 인연은 1992년으로 거슬러 올라간다. 국제가톨릭형제회에 입회한 최혜영이 수련을 받기 위해 전진상 의원·복지관을 찾았던 것. 도움이 필요한 가정에 직접적인 해결책을 제시하는 아피 회원들의 활동을 보며 깊은 인상을 받는다.

그 후 종합사회복지관에서 근무하며 답답함을 느끼던 차에 마침 전진상 의원·복지관에서 "호스피스 활동을 함께하자"는 제안을 해온 것이다. 최혜영은 임종의 더 깊은 의미를 깨달으면서 시흥 전진상 공동체의 일원이 되기로 결심한다. 그리고 미국으로 건너가 호스피스 전문기관에서 1년간 교육을 받고 돌아온다. 2000년부터 '전진상 가정 호스피스 팀'의 사회복지사로서 활동을 시작했으며, 2008년 호스피스 완화의료센터가 문을 열자 '입원형 호스피스' 관련 행정 업무도 챙기고 있다.

최혜영은 초창기부터 전진상 복지관 업무를 주관해 온 유송자 선배의 뒤를 이어 현재 사회복지사 겸 코디네이터로 활동 중이다. 필요로 하는 곳의 협조자, 서비스 지원을 위한 계획가, 형편이 어려운 사람의 대변자, 그리고 환자에게 적절한 치료 및 지원 방식을 강구하는 코디네이터 등 1인 4역을 소화해 내느라 무척 바쁘다. 그렇지만 늘 웃음을 잃지 않는 이유는 이웃들과 직접 부대끼고 문제를 해결해 가는 보람 또한 크기 때문이다.

'젊었던' 후배 최혜영이 합류한 지도 어느덧 20년. 그렇지만 시흥 전진상 공동체의 일상은 늘 새롭기만 하다.

"일반 직장인은 3~5년 정도 지나면 일정한 패턴이 생기고 매너리즘에 빠지게 되는데, 전진상은 그런 게 없어요. 매일매일 다양한 일들이 벌어지다 보니 5년, 10년이 휙 지나버렸어요. 우리 선배님들이 들으면 웃겠지만."

또 다른 새 식구 강귀엽 전문간호사는 전진상 식구들에게 깜짝 선물 같은 존재다. 전진상 식구들이 호스피스 전문 인력 보강을 고민할 때 딱 맞춰 찾아왔기 때문이다. 1966년생인 강귀엽은 현재 전진상 공동체의 막내이자 호스피스 완화의료센터의 핵심 인력으로, 매일 밤 배현정, 최혜영과 함께 환자들 곁을 지킨다.

강귀엽은 전진상 의원·복지관에 오기 전 빈민 대상 진료 병원(도티기념병원)에서 24년간 근무한 베테랑 간호사다. 그곳에서도 어린이, 행려병자, 가난한 이들을 돌보며 보람차고 행복한 시간을 보냈지만, 차츰 간호사로서 학문적 갈증을 느끼게 되었다. 그

2013년에 합류한
호스피스 전문간호사 강귀엽.
[위 사진 · 김지연]

러던 중 《서울주보》에서 '호스피스 자원봉사자 교육' 안내문을 발견하고 관심이 생겼다.

그래서 가톨릭대학교 임상간호 대학원에서 호스피스 전문간호사 과정을 밟게 되었다. 2008년 '호스피스 기관 방문' 장소로 전진상 의원을 찾으면서 시흥 전진상 공동체 및 국제가톨릭형제회와의 인연이 시작된다. 강귀엽이 처음부터 시흥 전진상 공동체의 식구가 되기로 마음먹었던 것은 아니다. 호스피스 기관 방문 후 1년간은 기존 병원에서 근무하며 한 달에 한 번 정도 전진상 의원·복지관에 들러 자원봉사를 했다. 그리고 국제가톨릭형제회 '관심자 기간' 동안 자신이 지향하던 길을 가는 시흥 전진상의 아피 선배들을 지켜본 끝에 결정을 내린 것이다.

2010년 국제가톨릭형제회에 입회한 강귀엽은 국내 수련을 마치고 2012년 미국 시카고로 국제 수련을 떠나면서 다니던 병원을 그만두었다. 미국에서는 국제 아피 회원들과 함께 지내며 아피의 정신인 우주성을 실천했다. 회원들 간에 문화적 교류를 나누고, 언어 연수와 호스피스 기관 방문, 호스피스 봉사자 교육을 받는 기회도 얻었다.

2013년 귀국 후 아피 정회원이 되면서 시흥 전진상 공동체에 합류했다. 강귀엽의 국내 수련을 이끌어준 수련위원은 정미경이었다. 정미경은 이미 두 번째 암 진단을 받은 후였으나 여전히 의사로서, 또 아피 회원으로서의 역할을 이어나갔다. 덕분에 강귀엽은 전진상 호스피스 완화의료센터에 합류한 뒤에도 1년 넘게 정미경과 호흡을 맞출 수 있었다.

인생 중반에 새로운 삶을 시작한 강귀엽은 시흥 전진상 공동체에 적응하며 어려운 일이 생길 때마다 정미경에게 의지하고 위로를 받았다. 정미경 자신도 중간에 합류한 입장이었기에 후배인 강귀엽의 고충을 누구보다 잘 이해하고 공감해 주었다.

그러던 정미경이 2014년 암 전이로 건강이 악화되자 강귀엽은 큰 충격을 받았다. 하지만 절망에 빠지기보다는 최선을 다해 정미경의 투병을 도왔다. 강귀엽은 정미경의 마지막이 다가오며 전진상 식구들 모두 엄청난 슬픔에 젖어 있을 때도 묵묵히 소임을 다했다. 그것이 호스피스 전문간호사인 자신이 사랑하는 선배 정미경에게 줄 수 있는 마지막 선물임을 알기에.

전진상 의원의 호스피스 완화의료센터는 2018년 3월 노상미 센터장이 정식 부임하면서 새로운 시작을 알렸다. 현재는 입원형 호스피스 환자들에게 좀 더 좋은 환경을 제공하고자 호스피스 완화의료센터 증축 공사가 한창이다(2020년 봄 완공 예정). 이상적인 돌봄을 위해 병상 수를 12병상으로 유지하고, 센터 운영에 필요한 시설을 마련할 계획이다. 이 또한 후원자들의 아낌없는 지원이 있기에 가능한 일이다.

45년 전 벽돌 한 장으로 시작한 터에서 오늘날 전진상 의원·

복지관에 이르기까지, 전진상 식구들은 인간적 한계에 봉착할 때마다 서로 의지하며 사랑의 벽돌을 쌓아올렸다. 그리고 이제 선배 아피 회원들이 다져놓은 토대 위에 후배들이 새로운 벽돌을 쌓아가고 있다.

조금
특별한
친구들

　　시흥 전진상 의원·복지관이 45년 동안 활동
을 계속할 수 있었던 또 다른 힘의 원천은 직원들이다. 정성 들여
맛있는 음식을 준비해 준 주방장, 깨끗하고 청결한 환경을 유지
해 준 미화부 담당자, 의사, 간호사, 사회복지사, 원무직원, 행정
직원, 유치원과 지역아동센터 교사…. 한 사람 한 사람 모두 소중
하지만 그중에서도 시흥 전진상 역사를 받쳐준 '네 개의 특별한
기둥'이 있다.

　첫째, 김소연 간호사는 1988년 9월 열악한 조건의 37평 미니 2
층집에서부터 일을 시작하여 2015년 3월까지 간호 전 분야에 걸
쳐 살신성인의 노력으로 함께했다. 둘째, 임금순 원무 담당자는
1990년 1월부터 일을 시작하여 1인 3역을 너끈히 소화해 내는
보배 중 보배로, 지금도 전진상 의원·복지관의 스태프로 일하고

있다. 셋째, 조희숙 행정직원은 봉사자로 시작해서 1994년 9월부터 정직원이 되었고, 후원회 사무는 물론 사소한 일까지 늘 깔끔하게 처리하는 능력자로 평정심과 웃음을 잃지 않는다. 넷째, 박애리 교사는 1997년 3월 유치원 교사로 부임하여 현재 전진상 지역아동센터의 교육 담당자로 일하고 있으며, 사회교육과 생활교육은 물론 정서적 안정까지 보살핌으로써 지역아동센터의 어머니로 통한다.

전진상 의원·복지관의 직원 중에도 장기 근속자가 많지만, 봉사자나 후원자들 중에도 꾸준히 활동하는 이들이 유독 많다. 사정이 생겨 잠시 쉬었던 봉사자라 해도 상황이 나아지면 다시 찾아오곤 한다(봉사자에게 차려주는 '전진상 밥'이 맛있어서 그렇다는 농담이 있을 정도다).

강귀엽 간호사처럼 실습을 나왔다가 자원봉사를 거쳐 공동체 식구로 정착한 이도 있고, 노승환 신부처럼 신학생 때 현장 실습을 왔다가 신부가 되어서 인연을 이어가는 이도 있다. 의료봉사에서부터 호스피스 환자들을 위한 음악과 미술 치료, 차량 봉사, 이·미용 봉사, 또 김장 봉사 등에 이르기까지 자원봉사의 영역은 무척 다양하다. 때로는 힘들고 지쳐도 계속 전진상 의원·복지관을 찾게 되는 이유는 그만큼 오고 싶은 곳, 함께하고픈 이들이 있는 곳이기 때문이리라.

이에 응답하듯 전진상 식구들은 직원, 봉사자, 후원자를 함께

연중행사인 김장.
신학생 시절 노승환 신부(가운데)도 보인다.

일컬을 때 '전진상 큰 가족'이란 표현으로 마음을 전한다. 창립 초기부터 매년 1월 또는 2월에 봉사자를 위한 가족미사를, 5월 에는 전진상 큰 가족을 모두 초대하는 후원자 가족미사를 봉헌 해 왔다.

봉사자들 중 특별히 기억에 남는 이로, 최소희 약사는 조송자 약사를 손꼽는다. 1974년 여름 시흥 전진상 프로젝트를 준비하 며 약국부터 열기로 했을 때 최소희는 내심 걱정이 많았다. 3년 동안 약사로 일한 경험은 있으나 실제 업무에서 손을 놓은 지 오래되었기 때문이다. 그때 최소희에게 도움을 준 이가 바로 조송자 약사다.

혜화동 가톨릭교리신학원에서 스태프로 일하던 최소희는 거리가 가깝다는 이유로 고려대병원 약국을 무작정 찾아가, 약국장이던 조송자 약사에게 시흥 전진상 공동체의 비전을 설명하고 도움을 청했다. 이에 조송자 약사는 실습을 시켜주었을 뿐 아니라 전진상 약국 개국 때도 세심하게 챙겨주었다. 또 전진상 의원의 무료 진료일에는 봉사자들을 이끌고 와서 도왔고, 지금도 정기적으로 나와서 전진상 약국 일을 돕는다.

다음으로, 이미영 선생은 1990년 산부인과 의사로서 봉사를 시작한 뒤 30년 가까이 의료봉사는 물론 장학생 후원, 어려운 가정 생계비 보조, 호스피스 완화의료센터 당직 등, 전진상 의원·복지관의 봉사 활동을 망라하여 자타가 공인하는 전진상 명예가족이 되었다. 참된 신앙을 가지겠다며 가톨릭에서 세례를 받은 뒤 자신의 본당에서도 연령회(장례를 도와주는 모임) 회원으로서 열심히 봉사 중이다.

전진상의 봉사자들 중에는 부부 봉사자도 있었다. 정형외과 전문의 김정채 선생과 아내인 최선희 약사가 그 주인공. 임상병리 검사부터 시작한 최선희 선생은 최소희 약사의 친동생으로, 1976년 미니 2층집의 비좁은 임상병리실에서 온갖 검사를 맡아주었다. 그리고 임상병리 검사가 필요 없어진 후로는 약사 자격으로 전진상 약국에서 봉사를 이어갔다. 성격도 웃음소리만큼 시원시원한 최선희 선생은 전진상 직원들의 든든한 동지가 되어 사랑과 활력을 나눠주었다.

대기업 계열 부속병원에서 근무하던 김정채 선생은 아내의 권유로 1978년부터 의료봉사에 합류했다. 산동네 주민들은 대부분 육체노동으로 생계를 유지했기에 골절과 디스크 위험도 높아 정형외과의 도움이 절실했다. 그런 환자들에게 김정채 선생은 몸과 마음을 함께 고쳐주는 따뜻한 명의로 인기가 높았다. 30여년 동안 봉사자의 자리를 지킨 김정채 선생은 고인이 된 지금도 전진상 식구들과 주민들에게 그리움의 대상이다.

끝으로, 전진상 식구들의 특별한 친구들로는 고(故) 이병훈 다니엘(세례명)과 봉사자 안명자 선생이 있다.

1973년생 다니엘은 뇌성마비라는 장애를 갖고 태어나, 외출은 커녕 장애인 복지시설 입학조차 거절당할 정도로 상태가 심각했다. 열세 살 때 가족들이 모두 가톨릭에서 세례를 받고 성당에 나가면서 드디어 처음으로 바깥세상을 접하고, 전진상 의원·복지관을 알게 된다. 다니엘은 5월 후원자 가족미사에서 김수환 추기경을 뵙고는 "마치 꿈에서나 뵈었던 하느님을 만나뵌 것 같다"며 영광스러워했다.

다니엘은 공부에 대한 열망으로 자원봉사자들에게 한글과 수학, 컴퓨터 등을 배웠으나, 배우는 속도가 너무 느리다 보니 가르

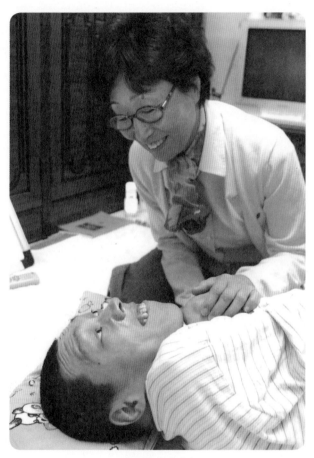

생전의 다니엘과
안명자 선생.

치던 이들이 지쳐 떠났다. 그러던 어느 날 전진상 의원·복지관의 소개로 안명자 선생을 만나게 된다. 안명자 선생은 초등학교 교사직을 조기 은퇴하고 남에게 도움이 되는 일을 하고자 전진상 의원·복지관을 찾은 아피(AFI) 회원이다.

다니엘은 '이 선생님도 얼마 못 가서 포기하시겠지'라고 생각했지만, 안명자 선생은 달랐다. 그 후 10년 동안 1주일에 두 번씩 꾸준히 다니엘을 찾아와 한글과 수학을 가르치고 시와 일기를 쓰도록 격려했다. 무엇보다도 알아듣기 힘든 다니엘의 말을 일일이 문장으로 받아써 주었다.

"처음 다니엘이 시를 배우고 싶다고 하여 몇 편의 시를 읽어주고 어떻게 쓰는지를 가르칠 때만 해도 '과연 시를 쓸 수 있을까?' 하는 의구심이 있었는데, 시간이 지날수록 다니엘에게는 나도 따라갈 수 없는 맑은 시심이 있다는 것을 알게 되었어요."[*]

이 같은 안명자 선생의 노력이 결실을 맺어, 2005년《다니엘의 일기》란 책이 나왔다. 비록 다니엘은 2007년에 못 다 핀 꿈을 접고 하늘나라로 떠났지만 그의 아름다운 영혼은 작품 곳곳에 깃들어 있다.

---

[*] 안명자, 〈다니엘을 생각하며〉, 이병훈 다니엘, 《다니엘의 일기》, 도서출판 조인(2005), 110~111쪽.

〈국화꽃〉*

내 방 앞에
노란 국화꽃이
아름답게 웃고 있어요

친구들에게 보이려고
활짝 웃고 있어요

그런데
나비 친구가 왔어요
나비는 국화 친구와 속삭여요
"국화야 넌 왜 친구가 없니?"

국화는 대답했어요 "네가 내 친구잖아"

둘이는 친구가 되어 속삭이고 있어요

• 이병훈 다니엘, 앞의 책, 95쪽.

이렇듯 전진상 식구들이 심은 작은 겨자씨가 45년의 세월을 거치며 큰 나무로 자라기까지 많은 이들이 힘을 보탰다. 물과 양분을 공급해 준 후원자들, 햇볕처럼 따스한 온기를 나눠준 봉사자들, 거센 바람에도 끄떡없이 버텨준 직원들, 그리고 묵묵히 도와준 고마운 손길들.

이제 시흥 전진상 공동체는 삶의 마지막 여정을 떠나는 이들의 곁을 지키고 있다. 부디 전진상 식구들의 아름다운 배웅이 오래 지속되기를, 그래서 떠나는 이들이 고단했던 삶을 마감하며 따뜻한 위안을 받기를 바란다.

살며
사랑하며
싸우며

　"진짜 가족이란 느낌이 들려면 10년 정도의
세월은 필요한 것 같아요."

　시흥 전진상 공동체 생활 20년 차 최혜영의 말이다. 현재 공동
체에서 함께 활동 중인 아피(AFI) 회원은 모두 여섯 명. 길게는
45년부터 짧게는 7년째 함께 활동하고 있다. 최혜영의 말에 따
르면 초창기 식구들 네 명은 이미 '가족 이상'의 끈끈함이 생겼
을 테고, 선후배 세대의 중간자인 최혜영은 '진짜 가족'이 되었
으며, 7년 차 강귀엽은 '가족이 되어가는' 중이리라.

　전진상 식구들 모두 각 분야의 전문가인 동시에 독립된 기관
의 대표이다 보니 전체를 이끄는 리더가 따로 있는 게 아니라 해
당 분야별로 달라진다. 이를테면 외부에서 누군가 대표를 찾을
경우 전진상 의원 일은 배현정 원장, 전진상 복지관 일은 유송자

관장, 전진상 약국 일은 최소희 약국장이 담당하며, 공동체의 전체 살림은 김영자 간호사가 맡고 있다.

비록 전진상 식구들 모두 '평신도 사도직에 일생을 봉헌한 사람들'이란 공통점이 있지만, 자라온 환경도 성격도 다른 이들이 같은 공간 안에서 생활한다는 것은 쉽지 않은 일이다. 더욱이 수도자들처럼 밀폐된 공간이 아니라 열린 공간에서 이웃 주민들과 어울려 지내다 보면 조심스러운 점도 많지 않을까.

이런 염려와 달리 전진상 식구들은 매우 솔직한 편이다. 기쁜 일이나 슬픈 일을 함께 나눌 때도 그렇지만, 서로 생각하는 방향이 다를 때도 숨김없이 의사를 표현한다. 보통은 유쾌하게 웃으며 마무리 짓지만, 때로는 접점을 찾지 못해 오랜 시간 논쟁을 벌이기도 한다. 합리적인 해결 방식을 지향하는 유송자는 이렇게 설명한다.

"우리는 치열하게 싸웁니다. 대부분은 환자의 상황을 어떤 방법으로 해결할지에 관한 것이죠. 각자의 위치에서 해결 방법을 제시하다 보면 마찰이 생기게 마련입니다. 하지만 우리의 궁극적인 목표는 환자의 입장에서 더 나은 해결책을 찾는 것이니, 계속 문제가 될 건 없어요."

이처럼 연령을 초월하여 공동체 구성원들이 자유롭게 대화를 나눌 수 있는 것은 연장자들이 권위 의식을 내세우지 않기 때문으로 보인다. 국제가톨릭형제회 특성상 세계 각국의 아피 회원

들이 어울려 지내다 보니 자유로운 분위기가 형성되어 가능한지
도 모른다.

이에 따라 전진상 식구들도 10년 이내 선후배끼리는 반말을
사용한다. 물론 우리 문화의 연장자 개념을 반영해 손위 아피 회
원에게는 '언니'나 '선배'라는 호칭을 붙인다고. 이에 대해 배현
정이 웃으며 작은 비밀을 털어놓는다.

"사실 제가 초창기 식구들 중에는 나이가 제일 어린데, 언니들
한테 반말을 해요. 이름도 막 부르고. 오히려 화가 나면 존댓말이
나오더라구요. 하하."

오랜 시간을 함께해 온 전진상의 유쾌한 언니들.

여섯 명 아피 회원들의 면면을 들여다보면… 거침없는 추진력의 화신 배현정, 자타 공인 평화주의자 최소희, 논리적 해결의 달인 유송자, 외유내강의 경제 일인자 김영자, 조율의 여왕 최혜영, 조용한 카리스마 강귀엽 등, 모두 강한 개성의 소유자들이다.

이와 같이 성격과 개성이 다른 인물들이 오래도록 함께할 수 있었던 원동력은 무엇일까. 어쩌면 그것은 '잘 싸우고 잘 화해하는' 기술에서 나오는 게 아닐는지. 그리고 필요에 따라서는 서로 '적당한 거리'를 유지하는 방법도 사용한다. 유송자가 언급한 '경청'의 중요성도 빼놓을 수 없다.

"의견이 달라 싸운다는 건 나쁜 게 아니에요. 더 창의적인 결론에 도달할 수 있기 때문이죠. 이때 내 의견 전달 못지않게 다른 의견을 경청하는 자세가 중요합니다."

유송자의 말을 경청하던 배현정이 다음과 같이 덧붙인다.

"맞아요. 식구들 사이에는 싸우는 것보다 전혀 싸우지 않는 쪽이 더 위험하죠. 대화를 포기하는 거니까요."

전진상 식구들은 치열하게 싸울 때는 싸우더라도 꼭 한 가지는 잊지 않는다. 그것은 바로 사랑을 바탕으로 한 믿음이다. 서로에 대한 믿음이 없으면 건강하게 싸울 수도, 잘 화해할 수도 없기 때문이다. 그리고 무엇보다 '그리스도 정신의 실천'이라는 대전제가 있기에 공동체가 건강히 유지될 수 있었다.

그래도 인간이기에 마음이 풀리지 않으면? 각자 떨어져서 생각할 시간을 갖는다. 공동체를 잠시 떠나 여행을 하거나 생활 패턴을 바꿔보는 식으로. 그러다 보면 자신과 의견이 맞지 않았던 사람의 입장에서 생각해 보게 된다고. 다만 싸우다가 감정적인 부분을 건드려 상처를 줬을 때는 바로 사과해야 한다는 것이 화해의 비법이다.

"저는 마음이 가라앉지 않으면 청소를 해요. 얼마 전에는 2시간이나 마당 청소를 했어요."

배현정의 말을 받아 유송자가 덧붙인다.

"그런데 지금은 웬만하면 힘이 빠져 끝까지 싸우진 않아요. 이젠 결말이 어떻게 날지 알거든요."

이 같은 끈끈함은 45년이나 내공이 쌓인 선배 아피 회원들의 이야기다. 그렇다면 아직 생활한 지 10년이 채 안 된 후배의 입장은 어떨까. '가족이 되어가는' 강귀엽은 이렇게 털어놓는다.

"사실 5년 동안은 몹시 힘들었어요. 호스피스 병동을 24시간 지키는 일도 그랬지만, 선배들이 40년 동안 일궈온 전통과 부딪치는 면이 있었거든요. 제가 보수적인 집안에서 자라다 보니 윗분들 의견에는 최대한 맞춰야 한다고 생각했죠. 한데 어떤 신부님의 강론 말씀을 듣고 깨달았어요. '새로 들어와 적응하는 나도 힘들지만, 나에게 적응하려는 저분들도 마찬가지 아닐까.' 그래서 생각을 바꿨더니 한결 편해지더군요. 지금은 저도 아닌 건 아니라고 말해요. 개인 시간도 가지려 하고요. 물론 이것은 아직 소망일 뿐이지만. 하하."

다른 식구들의 얘기를 가만히 듣고 있던 '맏언니' 최소희가 입을 열었다.

"우리는 함께했기 때문에 자기 능력 이상을 발휘할 수 있었어요. 공동체 생활은 다양성이 어우러지며 시너지 효과를 내니까요. 지난 시간을 후회해 본 적은 없어요. 다른 사람들처럼 결혼하고 아이를 키우는 것도 의미 있었겠지만, 저의 경우는 가족의 의미를 넓혀보니 사랑을 베푸는 대상도 더 넓어졌죠."

이 말에 전진상 식구들이 공동체를 유지해 온 비결이 들어 있는 듯하다. "앞으로의 소망이 무엇이냐"는 질문에 대해 선배 세대인 배현정은 다음과 같이 답한다.

"건강하면 좋겠어요. 봉사를 계속하려면 몸이 건강해야 하니까요. 그래서 환자분들이 보답하고 싶다고 할 때마다 제 건강을 위해 기도해 달라고 말씀드려요."

이 공동체의 막내 강귀엽도 같은 소망을 품고 있다.

"선배들이 오래오래 활동할 수 있도록 건강하시길 기도합니다. 선배들이 은퇴하면 저도 같이 은퇴할 거예요."

오늘도 전진상 식구들은 마지막까지 함께하고픈 '가족'이 되어간다. 살며 사랑하며 때로는 싸우며….

시흥 전진상 공동체의 목표는
'의료 사회복지'를 통한 복음의 실천.
[사진·김지연]

작가의 말

　　　　　꽃무늬 원피스를 입은 과년한 여성 셋이 풀
밭 나무 그늘에 누워 낮잠을 자고 있다. 다소 짓궂게 느껴지는 이
한 장의 사진. 나뭇잎에 걸린 햇살의 그림자가 낮잠 위로 요란스
럽게 드리운다. 그림자는 대한민국 성장주의의 이면처럼 그녀들
을 짓누르는 듯하다.

낮잠의 주인공들은 의료 사회복지 활동을 위해 1975년 서울시 금천구 시흥동에 자리 잡고 가난과 불평등, 질병과 싸워나갔다. 하지만 그 과정은 매 순간 살얼음판을 걷듯 녹록지 않았다. 그럼에도 한 걸음 내디딜 때마다 따뜻한 햇살을 제공해 주는 식구들, 시원한 바람을 가져다주는 조력자들이 생겼다. 그 협력의 씨앗이 싹터 오늘에 이를 수 있었다.

한여름의 단잠은 장자의 호접지몽(胡蝶之夢)처럼 잠시 나비가 된 그녀들이 사진 밖으로 빠져나갔던 순간이었을까? 그렇게 그녀들은 현실과 이상 사이에서 최상의 답을 찾고자 노력했다. 젊고 아름다웠던 그녀들의 꿈은 45년째 진행형이다.

이상주의자였으며 하느님의 말씀대로 살고 싶었던, 평균 나이 71세 '유쾌한 언니들'의 치열한 인생 이야기. 신자유주의의 노예가 되어 꿈조차 사치로 여기는 우리에게 "괜찮아, 이렇게 살아볼 만해!"라고 용기를 주는 이야기를 엮었다.

김지연

붕어빵을 닮은 사람들

"배 원장님, 저는 '전진상'이 사람 이름인 줄 알았어요." 이에 대한 배현정 원장님의 유쾌한 답변. "그러게요, 전진상이 제 남편 이름이냐고 물어보는 이들도 많아요. 하하."

그동안 《서울주보》 안내 지면에서 "전·진·상 교육관 프로그램 안내", "전·진·상 의원 직원 구함"과 같은 문구를 본 적은 있으나 그때마다 '전진상이 성인(聖人) 이름인가? 근데 왜 중간점이 찍혀 있지?' 하고는 지나쳤다. 그러다 재작년 가을, 전진상 의원에서 의료봉사를 하던 가족의 소개로 처음 배현정 원장님을 뵙고서 그 이름의 비밀(?)을 알게 되었다.

전(全)-온전한 자아봉헌, 진(眞)-참다운 사랑, 상(常)-끊임없는 기쁨

'전·진·상'은 평신도 선교 단체인 국제가톨릭형제회(AFI)의 영성에서 따온 이름이었다(본문에서는 가독성을 위해 '전진상'으로 표기). 아피 회원들이 공동체를 이루어 전진상 의원·복지관·약국의 문을 열고, 그때 그 자리에서 줄곧 이웃들 곁을 지켜온 것. 전진상 식구들의 더 많은 이야기가 궁금해졌다. 출판 기획자로서 그분들의 헌신적인 삶을, 드러나지 않은 45년을 기록으로 남기고 싶었다. 더 늦기 전에.

일종의 역사 자료집이자 종교적·사회적 문제의식이 담기되 잘 읽히는 책. 혼자 힘으로 이루기에는 지나치게 거창한 목표였다. 그때 마침 다큐멘터리 사진 작업을 해오던 김지연 작가님이 힘을 보태주셨다. 그렇게 시작된 1년여의 취재 여정.

사실 오래전 기억을 끄집어내어 제자리에 놓는 과정은 쉽지 않았다. 주인공들을 한 분씩 또는 단체로 인터뷰하고 기록하는 한편, 방대한 양의 소식지 《전·진·상》을 검토하고 세월이 켜켜

이 쌓인 사진 자료도 추려야 했다. 그와 동시에 주인공들의 현재 모습을 담는 사진 작업도 진행되었다.

생과 사를 오가는 사람들, 너무 처절해서 비현실적인 에피소드, 듣는 이마저 울컥하게 만드는 드라마와 웃음이 터지는 실수담, 덤으로 유쾌한 에너지까지. 전진상 식구들의 진솔한 이야기에는 사람의 마음을 움직이는 힘이 있었다. 그 결과물을 모은 것이 바로 이 책,《전진상에는 유쾌한 언니들이 산다》이다.

1장에는 당시 시대상과 시흥 전진상 공동체가 만들어지기까지, 2장에는 전진상 의원·복지관·약국의 주요 활동과 에피소드, 3장에는 전진상 호스피스 완화의료센터 관련 내용과 공동체 삶의 비결을 담았다. 인터뷰를 기본으로 하되 필요한 경우 소식지 내용도 함께 소개했고, 중간중간 과거와 현재 사진을 배치하여 생동감을 살렸다. 특히 1970년대 시흥동 풍경 등 배현정 원장님의 개인 소장 사진들은 그것만으로도 역사적 가치가 충분해 보인다. 지면 관계상 모두 싣지 못해 아쉽다.

이 책을 준비하며 많은 분들께 도움을 받았다. 우선 (재)천주교 서울대교구 유지재단 관계자분들이 배려해 주신 덕분에 전진상 의원·복지관·약국을 완전체로 소개할 수 있었다. 특히 누구보다 바쁘실 텐데 추천사로 격려해 주신 서울대교구 총대리 손희송 주교님(바보의 나눔 재단, 평화방송·평화신문 이사장 겸임)께 머리 숙여 감사드린다.

바쁜 와중에 인터뷰에 응해주신 시흥 전진상 공동체의 배현정 원장님, 유송자 관장님, 최소희 약국장님, 김영자 간호사님, 최혜영 사회복지사님, 강귀엽 간호사님, 그리고 임덕균 선생님께 진심으로 감사드린다. 주인공들의 귀한 이야기를 듣는 자리에는 언제나 유쾌한 웃음과 맛있는 간식이 함께했다. 어느 추운 겨울날 나눠주신 붕어빵의 온기가 아직도 생생하다. 그 소박한 간식은 차가운 내 마음에 온기를 불어넣은 전진상 식구들과 닮아 있었다.

긴 여정의 처음부터 끝까지 함께해 주신 김지연 작가님과 박혜영 원장님께도 깊이 감사드린다. 김지연 작가님은 세종에서 먼 거리를 오가며 인터뷰는 물론 사진 촬영과 스캔 작업까지 맡아주셨고, 박혜영 원장님은 기획 아이디어를 시작으로 이 책이 나오기까지 물심양면으로 후원하고 격려해 주셨다.

아울러 전진상 의원·복지관의 직원·봉사자·후원자분들, 45년 역사 곳곳에 살아 숨 쉬는 시흥동 주민분들, 그리고 소식지의 필자분들께도 감사를 전한다.

끝으로, 오르골처럼 작고 보잘 것 없는 일인출판사를 당신의 도구로 써주신 주님께 감사기도 올린다. 내가 느낀 붕어빵의 온기가 이 책장을 넘기는 이들에게도 전해지길, 그래서 각자의 자리에서 '오병이어(五餅二魚)'의 기적이 되살아나길 바란다.

2020년 부활절에
도서출판 오르골 박혜련

연혁

1974 · 1월	김수환 추기경의 요청과 국제가톨릭형제회(AFI) 회원 세 명 (최소희 약사, 유송자 사회복지사, 배현정 간호사)에 의해 '시흥 전진상 프로젝트' 시작.
1975 · 2월	시흥동 200번지 2호 미니 2층집으로 이사. 전진상 의원·복지관 활동 준비. 김중호 신부를 중심으로 의료봉사진 구성.
· 3월	임덕균 선생 합류.
· 6월	'전진상 약국' 개설.
· 10월	'전진상 가정복지센터'와 '무료 진료소' 개설. 의료봉사진에 의해 매주 토요일 진료 실시. 주간에 가정방문 활동.
1976 · 1월	한강성심병원 자선병동에 2차 무료 진료 환자 의뢰.
· 2월	해외 원조로 장학사업 실시. 영세민 자녀들에게 외국인 결연 가정에서 장학금, 양육비, 치료비 등 보조.
· 9월	무료 진료소가 '전진상 부속의원'으로 인가받음.
· 10월	임상병리검사 실시. 어린이 예방접종 실시.
1977 · 1월	산부인과 진료 시작.
· 2월	엑스레이 기기(포터블) 구입과 활용.
· 4월	까리따스수녀회 및 성 빈센트드뽈 자비의 수녀회에서 주 1회 환자 방문 실시.
· 7월	골목 유치원 개원(산동네 주민의 셋방에서 시작).
1978 · 2월	제1회 봉사자 가족미사 봉헌(이후 현재까지 매년 1월 또는 2월에 봉사자 가족미사 봉헌함).
· 3월	정형외과 진료 실시.
· 12월	김영자 간호사 합류.

1981 ·3월	소아과 진료 실시.
1982 ·6월	한강성심병원 무료 진료 종결.
·7월	심전도기 구입과 활용.
1983 ·5월	진료실 4평 증설(반지하실 개조).
1984 ·3월	국내 기관 및 가정에서 장학금 후원 시작.
1985 ·5월	치과 진료 실시.
·12월	신경외과 진료 실시. 신경정신과 진료 실시.
1986 ·1월	전진상 가정복지센터에서 '전진상 복지관'으로 이름 변경. 대지 확장(서울대교구 보조와 은인들 후원으로 대지 172평 매입). 전진상 골목 유치원 이전.
·2월	전진상 복지관 돕기회 발족.
1987 ·1월	서울성모병원과 여의도성모병원의 사회사업과를 통하여 2, 3차 환자들에게 진료 실시.
·5월	제1회 후원자 가족미사 봉헌(이후 현재까지 매년 5월에 후원자 가족미사 봉헌함).
·7월	초음파 기기 구입과 활용.
1988 ·1월	배현정 의사, 가정의학과 전문의 자격 취득.
·3월	가정의학과 진료 시스템 도입. 가정 호스피스 활동 시작.
·5월	이비인후과 진료 실시.
·8월	엑스레이 기기(500MA) 구입과 활용.
·9월	가정의학과 매일 진료 실시.
·11월	영상의학과 진료 실시.
·12월	내시경 구입과 활용.
1989 ·1월	안과 진료 실시.
·4월	전진상 의원·복지관 신축 기공식. 연말까지 거의 매 주말 전 직원이 김중호 신부와 함께 각 본당을 순회하며 신축비 모금. 시흥동성당 부속 건물로 거처 임시 이전.
1990 ·2월	전진상 의원·복지관 축복미사 봉헌.
·3월	외과 진료 실시. 피부과 진료 실시. 전진상 무료 공부방 개

설. 가톨릭대 간호대생 실습 시작(이후 2004년까지 지속).

	• 8월	흉부외과 진료 실시.
1991	• 9월	전진상 부속의원에서 '전진상 의원'으로 이름 변경.
1992	• 2월	안과 세극등과 제반 안과 기구 구입과 활용. 재가 노인복지 사업 실시(한국노인복지회 및 복지관 후원).
1993	• 3월	비뇨기과 진료 실시.
	• 9월	방광경 구입과 활용.
	• 11월	생활법률 무료 상담 실시. 물리치료 실시(봉사자에 의해 내원 치료 및 방문 치료 실시).
1994	• 2월	초음파 기기(RT-MAX) 기증받음.
	• 7월	물리치료실 증축 미사 봉헌.
1995	• 2월	개관 20주년 기념미사 봉헌(봉사자 가족미사). 가톨릭대 의 대 본과 4학년 실습.
	• 5월	개관 20주년 기념미사 봉헌(후원자 가족미사).
	• 11월	전진상 알뜰바자 시작.
1996	• 1월	재활의학과 진료 실시. 물리치료실 기기 마련.
	• 10월	제1회 은행골 알뜰장.
	• 12월	제1회 노인잔치.
1997	• 3월	정미경 의사 합류. 가정의학과 진료 두 곳에서 실시. 전진상 가정 호스피스 팀으로 전문화된 돌봄 제공.
	• 10월	제2회 은행골 알뜰장.
	• 11월	전진상 사회복지 상담소 인가.
1998	• 1월	제2회 노인잔치.
1999	• 1월	제3회 노인잔치. 신경과 진료 실시.
	• 2월	전진상 호스피스 낮 병실 시작.
	• 3월	제1기 호스피스 봉사자 교육.
2000	• 3월	제2기 호스피스 봉사자 교육.
	• 7월	호스피스 전문과정 실습.
	• 9월	최혜영 사회복지사 합류.

	•11월	개관 25주년 기념미사 봉헌.
	•12월	벨기에 왕세자 부부 내방.
2001	•7월	호스피스 전문과정 실습.
2002	•6월	제3기 호스피스 봉사자 교육.
	•7월	호스피스 전문과정 실습.
2003	•5월	장애인용 엘리베이터 축복식.
2004	•4월	가톨릭대 간호대생 실습 종결.
	•6월	사회복지공동모금회에서 12인승 차량 지원.
2005	•9월	개관 30주년 의료봉사자 만남의 시간.
	•10월	아산사회복지재단에서 방문용 차량 지원.
	•11월	개관 30주년 기념 심포지엄(서울가톨릭사회복지회와 공동 주관).《다니엘의 일기》발행.
	•12월	보건복지부 말기암환자 호스피스 사업 지원기관 선정. 전진상 지역아동센터 인준.
2008	•9월	전진상 호스피스 완화의료센터 개원.
	•12월	완화의료전문기관 인준(서울 최초의 독립시설형).
2009	•10~11월	일반인을 위한 호스피스 기본 교육(시흥5동성당과 공동 주최).
	•12월	호스피스 수가 시범사업기관 선정.
2010	•2월	전진상 유치원 폐원.
2013	•9월	강귀엽 간호사 합류.
2016	•3월	정미경 의사 선종.
	•5월	가정형 호스피스 수가 시범사업 참여.
2019	•3월	벨기에 국왕 부부 내방.
	•6월	장애인 건강주치의 시범사업 참여.
	•10월	전진상 호스피스 완화의료센터 증축 상량식.
2020	•5월	전진상 호스피스 완화의료센터 증축 축복미사(예정).

1 손바닥만한 희망이라도
박승준 지음 | 14,000원

인물검색에 안 나오는 카페아저씨의 산문. 때로는 진지하고 때로는 유쾌하게,
베이비붐 세대의 인생 사용설명서. 세종도서 문학나눔 선정도서.

2 몽글이
안명규, 은한 지음 | 13,000원

어른아이를 위한 카툰 에세이. 웃음과 눈물이 공존하는 추모집으로 '살아남는 것'의
아름다움을 전하는 책. 우수출판콘텐츠 제작지원사업 선정작.

3 바람개비 정원
한순정 글 · 그림 | 17,000원

재미동포 화가 한순정 그림 에세이. 가족과 예술을 사랑한 82세 화가의
인생 전시회. 유화, 판화, 종이엮기, 종이접기 작품 속에 깃들인 열정과 꿈.

4 신발을 벗고 들어오세요
박원진 글 · 사진 | 14,800원

미얀마 여행 에세이. '낯선 여행지에서 만난 따뜻한 위로'를 전하는 편지글과
예술성 넘치는 사진들. 여행 가고 싶을 때 읽으면 좋은 책.

5 땜장이 의사의 국경 없는 도전
김용민 지음 | 15,000원

소록도 공중보건의에서 국경없는의사회 활동가로, 삶의 의미를 찾아 떠난
35년간의 여정. 예비 의사들의 필독서. 국립중앙도서관 사서추천도서.

시흥동 전진상 의원·복지관 45년의 기록

전진상에는 유쾌한 언니들이 산다

교회 인가 | 2020년 4월 24일
초판 1쇄 발행 | 2020년 5월 24일
초판 2쇄 발행 | 2024년 6월 7일

지은이 김지연
기획·책임편집 박혜련
감수·사진제공 시흥 전진상 공동체
제작 공간

펴낸이 박혜련
펴낸곳 도서출판 오르골
등록 2016년 5월 4일(제2016-000131호)
팩스 070-4129-1322
이메일 orgelbooks@naver.com
블로그 blog.naver.com/orgelbooks

Copyright ⓒ 도서출판 오르골, 2020

ISBN 979-11-970367-0-5 03330

이 도서의 국립중앙도서관 출판예정도서목록(CIP)은 서지정보유통지원시스템 홈페이지
(http://seoji.nl.go.kr)와 국가자료종합목록 구축시스템(http://kolis-net.nl.go.kr)에서
이용하실 수 있습니다. (CIP제어번호 : CIP2020017007)

훈기 김희섭 나명훈 나성숙 나세영 나중렬 나철 나해란 남궁선자 남진행 남형자 노방수 노선영 노승희 노영상 노영탁 노용호 노태우 다니자키아 쯔코 당아름 도규민 도호철 류명기 류영옥 류재홍 류호선 류호정 류희구 마정필 명순옥 목경옥 문경희 문기호 문대혁 문보현 문세기 문승현 문유 보 문춘자 문해 민상홍 민성욱 박건우 박경수 박경희 박규민 박규진 박 근민 박근칠 박기범 박기벽 박노월 박대성 박명식 박미옥 박민양 박병순 박복단 박상규 박상미 박상임 박상훈 박석문 박석범 박석진 박선근 박선 미 박성용 박성욱 박성재 박성희 박세령 박세원 박소영 박순복 박애선 박영걸 박영배 박영서 박영순 박영옥 박영하 박옥선 박용우 박용원 박 용희 박우성 박원아 박윤선 박은상 박인곤 박인원 박장호 박정미 박정의 박정이 박정화 박정희 박제순 박제영 박주경 박주식 박주현 박지석 박 지영 박진우 박태민 박현선 박현숙 박형로 박형상 박혜성 박혜숙 박혜영 박혜진 박훈기 방기수 배광성 배상빈 배승준 배이희 배재문 백경희 백동 원 백명주 백미희 백성은 백승화 백승환 백장미 백태민 백한선 백희종 변도석 변정식 부현주 사공훈 사정호 서경진 서구일 서상례 서상철 서세 중 서수정 서원경 서윤주 서지형 선우경식 성가봉사자 성종호 성주현 성 진용 성현숙 소애란 손명숙 손명하 손여진 손지현 손창학 손한나 손혁우 송미령 송민자 송민재 송병찬 송우현 송유순 송윤자 송재현 송주희 송진 형 송찬희 송현주 신가식 신동엽 신동원 신동호 신미자 신복희 신양희 신영수 신영신 신용우 신은정 신정임 신지성 신태순 신현빈 신혜성 신혜 진 신효승 심규봉 심금섭 심성철 심은영 심현옥 심홍석 안경애 안규리 안동현 안마리아 안명균 안명자 안병한 안선주 안소영 안양숙 안양진 안 영민 안재범 안재영 안젤라 안종성 안주라 안충남 안한철 양경희 양성규 양승주 양은주 양은희 양주연 양준모 양혜리 양홍애 엄상원 엄영란 엄재호 엄태종 여도환 연제호 연태진 염동주 염혜정 오경숙 오동진 오명돈 오미자 오미정 오선희 오성희 오양순 오유미 오융희 오은실 오일영 오정기 오초옥 오현택 오혜련 왕경규 우상아 우성욱 우양순 우종구 원윤미 원인수 원홍재 유경남 유명경 유명숙 유명애 유범현 유병연 유병인 유성호 유순옥 유신혜 유영애 유정숙 유정희 유주형 유지분 유지연 유태혁 유형숙 유형준 유화창 윤병화 윤상아 윤상웅 윤석경 윤석원 윤소영 윤여선 윤연이 윤은옥 윤인숙 윤정희 윤종순 윤지원 윤창구 윤춘식 윤태혁 이가은 이갑석 이강숙 이강원 이건영 이경복 이경숙 이경아 이경옥 이경자 이경호 이경훈 이계영 이광우 이광주 이광진 이규덕 이규원 이금옥 이기만 이기병 이다혜 이도성 이동규 이동근 이동수 이동윤 이동은 이동현 이동호 이동훈 이둘옥 이루시아 이명춘 이미리 이미영 이미현 이미호 이미희 이민희 이범주 이병준 이봉숙 이봉호 이사민 이상순 이상일 이상지 이상춘 이상화 이상훈 이서영 이선 이선희 이성만 이성우 이성자 이성희 이세훈 이소령 이수현 이숙자 이순표 이승경 이승재 이승철 이승호 이승희 이언숙 이엘라 이열 이영구 이영님 이영미 이영욱 이영자 이영철 이영호 이예린 이옥진 이요성 이원혁 이유림 이유배 이유재 이윤규 이윤아 이윤정 이윤희 이은옥 이은일 이은정 이인영 이인정 이재갑 이재근 이재형 이재희 이정 이정남 이정선 이정오 이정은 이종열 이종희 이주하 이주화 이주훈 이준행 이준호 이중호 이증훈 이지아 이지영 이진오 이창건 이창성 이창윤 이채혁 이철민 이철성 이철헌 이청기 이태민 이학승 이해영 이향수 이현근 이현석 이현승 이현애 이현영 이현옥 이현임 이현정 이혜경 이혜란 이혜승 이호균 이홍재 이홍주 임경심 임경오 임경욱 임동권 임산하 임상아 임성미 임성준 임수근 임숙빈 임승평 임영교 임영석 임재복 임재준 임종필 임종현 임준 임창영 임채갑 임희숙 장명자 장

봉준 장승희 장원영 장인범 장인숙 장점숙 장정훈 장진선 장창현 장한윤 장호근 전미선 전양희 전영철 전영한한 전영훈 전중정 전창무 전춘화 전형석 전혜찬 전호수 정경도 정계하 정귀화 정다운 정덕진 정동출 정미영 정미옥 정삼영 정선주 정소령 정신희 정영우 정우영 정원도 정유희 정은영 정인호 정재우 정재윤 정재은 정정인 정정임 정지영 정지은 정지현 정진섭 정진수 정진악 정철기 정청숙 정하원 정혜선 정호균 정홍기 정후란 정희영 정희원 조기환 조대윤 조명준 조문준 조민우 조병희 조상헌 조석호 조성진 조송자 조영숙 조영주 조영준 조영진 조은숙 조은아 조재호 조채순 조해연 조해찬 조현정 조형진 조혜진 조효종 주명진 주소연 주영화 주인옥 주일중 진선용 진선필 진호준 차성재 차성호 차지현 채민병 천기성 천옥화 천윤희 천재희 최경숙 최계원 최단비 최덕형 최명운 최문희 최미선 최미영 최민구 최민규 쳐병휘 최선희 최성빈 최성헌 최수라 최수영 최수현 최승호 최연악 최영석 최영애 최영희 최옥채 최용관 최용범 최원영 최유정 최윤구 최은경 최은영 최이순 최이화 최재룡 최재우 최재형 최정아 최정연 최종성 최종원 최준호 최중근 최지수 최지웅 최진오 최진희 최창진 최혁원 최현숙 최현준 최희진 추평랑 태현숙 프레데릭 하선옥 하선주 하정애 하치양 하혜림 한건자 한광련 한광호 한그루 한명애 한미진 한석문 한소미 한소영 한수정 한승록 한시령 한영미 한용한 한재갑 한지승 한창수 한태원 한화순 허도화 허영예 허장훈 허정선 허현숙 허희옥 현길화 현정희 홍기용 홍기정 홍두루미 홍민우 홍민정 홍사민 홍석근 홍세련 홍숙임 홍순옥 홍순찬 홍시원 홍용상 홍지선 홍지운 홍화숙 홍효창 황경숙 황경희 황락철 황선희 황소영 황영훈 황옥연 황은미 황은주 황일선 황제형 황지인 황지환 황진원 황추자 황현옥 황현철 황혜순 회지발송작업봉사자